幼儿园优秀语言活动设计70例

郭咏梅◎主编

段蓉 吴冰 刘敏 唐艺琦◎副主编

中国轻工业出版社

图书在版编目（CIP）数据

幼儿园优秀语言活动设计70例／郭咏梅主编．—
北京：中国轻工业出版社，2015.3（2025.5重印）
　　ISBN 978-7-5184-0157-4

　　Ⅰ．①幼…　Ⅱ．①郭…　Ⅲ．①语言教学－教案
（教育）－学前教育　Ⅳ．①G613.2

中国版本图书馆CIP数据核字（2014）第298864号

> 保留所有权利。非经中国轻工业出版社"万千教育"书面授权，任何人不得以任何方式（包括但不限于电子、机械、手工或其他尚未被发明或应用的技术手段）复印、拍照、扫描、录音、朗读、存储、发表本书中任何部分或本书全部内容，以及其他附带的所有资料（包括但不限于光盘、音频、视频等）。中国轻工业出版社"万千教育"未授权任何机构提供源自本书内容的电子文件阅览、收听或下载服务。如有此类非法行为，查实必究。

责任编辑：王慧超　　　责任终审：杜文勇
策划编辑：高　君　　　责任校对：刘志颖　　　责任监印：吴维斌

出版发行：中国轻工业出版社（北京鲁谷东街5号，邮编：100040）
印　　刷：三河市鑫金马印装有限公司
经　　销：各地新华书店
版　　次：2025年5月第1版第10次印刷
开　　本：710×1000　1/16　印张：11.5
字　　数：145千字
印　　数：24001—26000
书　　号：ISBN 978-7-5184-0157-4　　定价：26.00元

读者热线：010-65181109
发行电话：010-85119832　　010-85119912
网　　址：http://www.chlip.com.cn　　http://www.wqedu.com
电子信箱：1012305542@qq.com

版权所有　侵权必究
如发现图书残缺请拨打读者热线联系调换
250707Y1C110ZBW

前　言

在幼儿园语言活动设计中，很多教师都遇到过这样或那样的困惑，比如选择哪些素材作为语言教育活动的内容？活动中可以运用哪些材料支持幼儿的语言学习与发展？可以运用哪些生动有趣的形式与方法给幼儿提供表达与交流的机会，让幼儿体验语言交流的乐趣，等等。当前幼儿园语言教育活动，从一定层面上来说，无论是活动的目标、选材，还是活动的材料准备和方式方法都与幼儿语言发展的真正需要存在较大的偏离。因此，为广大幼儿园教师提供语言活动科学设计的思路、方法以及成功的案例是非常必要的。

笔者从事《学前儿童语言教育》的课程教学和研究工作近二十年，在长期观摩与指导幼儿园语言活动的过程中，对幼儿园语言活动存在的问题进行了系统梳理和分析，研究出大量的具有科学性的幼儿园语言教育活动方案并组织实施，尝试探寻幼儿园语言教育行之有效的手段和方法，以期达到更好的教学效果，促进幼儿真实有效的发展。本书是2014年湖南省哲学社会科学基金项目"幼儿园生活化语言教学创新设计研究——基于现实批判"的阶段性成果，是笔者对多年积累的理论和实践经验的进一步梳理与升华，全书呈现的案例都是在幼儿园充分研讨与实践的基础上形成的。

本书由长沙师范学院郭咏梅担任主编，由长沙市雨花区教育科学研究中心段蓉、长沙师范学院附属第一幼儿园吴冰、长沙师范学院附属第二幼儿园刘敏、株洲五里墩幼儿园唐艺琦担任副主编。本书具体编写分工如下：吴冰负责大班教案，段蓉负责中班教案，唐艺琦负责小班教案，刘敏负责全书教案的修改，郭咏梅负责素材的选择、教案的修改和专家评析。

感谢中国轻工业出版社万千教育编辑部策划了这个选题。特别感谢本书的责任编辑高君女士，她有着高度的责任心和专业能力，在本书的成书过程中倾注了大量的心血。由于笔者的水平和能力有限，书中难免存在不妥之处，望各位专家和读者多多批评指正。

郭咏梅

2014年12月

目 录

小 班

1. 爱唱歌的小麻雀（故事）……………………………………002
2. 一起睡着了（故事）…………………………………………005
3. 河马大轮船（故事）…………………………………………007
4. 车子用处大（谈话）…………………………………………009
5. 我的爸爸（谈话）……………………………………………011
6. 矮矮的鸭子（儿歌）…………………………………………013
7. 虫虫飞（儿歌）………………………………………………015
8. 小猪爱睡觉（儿歌）…………………………………………017
9. 小蚂蚁（儿歌）………………………………………………019
10. 我是小画家（儿歌）…………………………………………021
11. 懒惰虫和勤快人（儿歌）……………………………………023
12. 捏面人（儿歌）………………………………………………025
13. 上床睡觉（早期阅读）………………………………………027
14. 想吃苹果的鼠小弟（早期阅读）……………………………030
15. 一步一步，走啊走（早期阅读）……………………………032
16. 走开，绿色大怪物（早期阅读）……………………………034

中　班

17. 小老鼠的魔棒（故事）……………………………038
18. 换一换（故事）……………………………………041
19. 胖厨师和小老鼠（故事）…………………………043
20. 我也要搭车（故事）………………………………045
21. 象鼻子滑梯（故事）………………………………049
22. 大狮子和小老鼠（讲述）…………………………051
23. 小松鼠的大尾巴（讲述）…………………………054
24. 美好的夜晚（讲述）………………………………057
25. 好吃的早餐（谈话）………………………………058
26. 可爱的小动物（谈话）……………………………061
27. 瓜儿大（绕口令）…………………………………063
28. 上楼下楼（绕口令）………………………………065
29. 花园里有什么（散文）……………………………067
30. 秋叶的舞会（散文）………………………………070
31. 家（诗歌）…………………………………………072
32. 捉迷藏（诗歌）……………………………………075
33. 小兔子开铺子（儿歌）……………………………077
34. 巴喳——巴喳（儿歌）……………………………079
35. 虎大王照相（儿歌）………………………………082
36. 我妈妈（早期阅读）………………………………084
37. 鼠小弟的小背心（早期阅读）……………………086
38. 小蛇散步（早期阅读）……………………………089
39. 要是你给老鼠吃饼干（早期阅读）………………091
40. 长颈鹿好长喔（早期阅读）………………………093

41. 艾玛与风（早期阅读）············097

大班

42. 十二生肖（故事）············102
43. 小猴的出租车（故事）············105
44. 城里老鼠和乡下老鼠（故事）············107
45. 一片美丽的红枫叶（故事）············110
46. 国王生病了（故事）············114
47. 奇怪的洞（讲述）············116
48. 猴子学样（讲述）············120
49. 小猫生病了（讲述）············122
50. 森林里的动物（讲述）············124
51. 晴天和雨天（谈话）············126
52. 有趣的吆喝（谈话）············128
53. 我长大了（谈话）············130
54. 打醋买布（绕口令）············132
55. 假如我有翅膀（诗歌）············135
56. 一个人（诗歌）············137
57. 摇篮（诗歌）············139
58. 我被亲了好几下（散文诗）············142
59. 变色的房子（散文）············144
60. 落叶（散文）············147
61. 大卫，不可以（早期阅读）············150
62. 蜘蛛先生要搬家（早期阅读）············153
63. 一根羽毛也不能动（早期阅读）············155
64. 鳄鱼怕怕，牙医怕怕（早期阅读）············157

65. 小威向前冲（早期阅读）……………………………159
66. 我的幸运一天（早期阅读）………………………162
67. 我爸爸（早期阅读）………………………………165
68. 小老鼠找家（综合）………………………………167
69. 我去过的地方（综合）……………………………169
70. 伞（综合）…………………………………………171

小 · 班

1. 爱唱歌的小麻雀（故事）

设计意图

《爱唱歌的小麻雀》是一篇充满关爱之情的温馨小故事。故事围绕"爱唱歌的小麻雀却不能唱歌"的主线，以小小的悬念吸引着幼儿，通过简单重复的对话，使幼儿慢慢获得一份情感的愉悦，初步学会关爱他人，继而内化为自己的行为。本活动的各环节设计主要采用了"情境教学"的方式，让幼儿在情境中学习故事、理解故事，并学说故事中简单的对话，为幼儿创设了一个自由、宽松的语言交往环境，体验语言交流的乐趣，从而为幼儿的语言发展、注意倾听打下更好的基础。

活动目标

（1）养成良好的倾听习惯，知道在别人讲话时认真听。

（2）学说故事中简单的对话。

（3）能初步理解作品中的情节，感受故事中关爱朋友的情感。

活动准备

小麻雀、猫头鹰、小松鼠、小猴子的图片，小鹿睡觉和睡醒的图片，大树图片，森林情境。

活动过程

1. 观看麻雀的图片，歌唱《小燕子》导入

教师带领幼儿唱《小燕子》。

指导语：小朋友唱歌唱得真好听，在一个大森林里，也有一个小动物喜欢唱这首歌，你们看她是谁。（出示麻雀的图片）

2. 观看情境表演，感知故事中的对话

（1）配班教师和主班教师分别模仿故事中的小动物和小麻雀进行对话，帮助幼儿熟悉故事中的角色对话。

配班教师（小松鼠）：上面的小麻雀，请你不要唱了。

主班教师（小麻雀）：是谁在说话？为什么不让我唱了呀？咱们一起去看看。

①出示猫头鹰的图片。

主班教师（小麻雀）：原来是猫头鹰。猫头鹰，是你不让我唱歌吗？

配班教师（猫头鹰）：不是不是，是下面的朋友。

主班教师（小麻雀）：下面的朋友？下面的朋友是谁啊？

②依据故事情节的发展，依次出示小猴子、小松鼠的图片，教师进行故事角色对话表演。

（2）出示"小鹿睡觉"的图片，引导幼儿观察并想一想应该怎么办。

指导语：小松鼠让我去看看到底是怎么了。（引导幼儿回答"小鹿在睡觉"）

指导语：那我们该怎么办？（引导幼儿主动想办法）

3. 倾听教师完整讲述故事，感受故事中动物们之间相互关心的情感

指导语：我们不要吵醒小鹿，老师轻轻地讲个故事给你们听吧。

4. 师幼共同说出故事中的对话

（1）通过提问，引导幼儿回忆故事，理解故事情节，学习角色对话。

指导语：故事中都有谁？小麻雀是怎么问他们的？是谁不让小麻雀唱歌了（按故事中顺序逐个问）？他们为什么不让小麻雀唱歌了？小麻雀是怎么做的？

（2）通过出示图片、逐一提问的方式请幼儿自主说说自己对小麻雀的情感态度，帮助幼儿初步养成"关心他人"、"小声说话"、"安静倾听"的好习惯。

指导语：你们喜欢小麻雀吗？为什么？

指导语：你们觉得在什么时候也不应该大声讲话？

5. 观看"小鹿睡醒"的图片，演唱歌曲，结束活动

教师出示"小鹿睡醒"的图片，提问：现在，老师的故事讲完了，小鹿也睡醒了，我们一起为小鹿唱首歌吧！

附：故事

爱唱歌的小麻雀

在高高的树顶上，住着一只爱唱歌的小麻雀，她的歌声可好听了，小动物们都喜欢听。

有一天，小麻雀又站在高高的树顶上，大声地唱起了歌："小燕子，穿花衣，年年春天来这里……"突然，从下面传来一个声音："上面的小麻雀，请你不要唱了。"小麻雀想："是我唱得不好吗？为什么不要我唱？我得下去问明白"。

小麻雀往下飞，看见猫头鹰，问："猫头鹰，是你不要我唱歌的吗？"猫头鹰说："不是不是，是下面的朋友不要你唱。"

小麻雀继续往下飞，看见小猴子，问："小猴子，是你不要我唱歌的吗？"小猴子说："不是不是，是下面的朋友不要你唱。"

小麻雀再往下飞，看见一只小松鼠，问："小松鼠，是你不要我唱歌的吗？"小松鼠说："是的，是我叫你不要唱的。"

小麻雀奇怪地问："为什么呢？"小松鼠说："你飞下去看看就知道了。"

小麻雀飞到了树底下，呀！草丛中的鹿宝宝正在睡觉呢。

小麻雀不唱歌了，轻轻地飞回树顶，安静地等着等着……她想："等鹿宝宝醒来了，我要为她唱一支最好听的歌。"

专家评析

《爱唱歌的小麻雀》故事中简单重复的对话非常适合小班幼儿来学习模仿，其中传递的情感价值也有益于幼儿情感的延伸和内化。

活动以唱歌这种幼儿喜欢的方式导入，让幼儿迅速且自然地融入到了情境中。之后，让幼儿在有趣的情境表演中感知故事角色间的对话，并且巧妙地过渡到了"完整欣赏"环节。通过教师完整的讲述，幼儿更进一步地理解了故事情节，同时对角色之间的对话有了更深刻的记忆，并通过观看图片以及教师的逐一提问学说了角色对话。在理解、模仿的基础上，教师适时地抓住时机提出了"什么时候也不应该大声讲话"的问题,引导幼儿交流与讨论。整个活动流程清晰,没有拖沓、繁复、枯燥的反复欣赏,而是以情境贯穿始终,符合小班的幼儿年龄特点。同时,活动环节很好地扣住了活动目标,使得幼儿在整个活动中既有主动参与,又有新经验的获得。

2. 一起睡着了(故事)

设计意图

故事《一起睡着了》情节富有趣味性,讲述了一群可爱的小动物从一个看大象睡觉,到都来看大象睡觉,到最后一起睡着了的故事。该故事对话性强且具有重复性,很适合小班幼儿欣赏和模仿。对于小班幼儿而言,说说故事中有趣的语言,表演故事角色有趣的动作,是他们非常感兴趣、觉得特别好玩的事情。

活动目标

(1)体验作品中温馨、美好的情感。

(2)观看桌面教具的表演,参加集体的讨论和表演,感知、理解作品内容。

(3)理解故事情节和人物形象,熟悉作品中的主要对话,丰富相应的动词"咬""蹲""趴"。

活动准备

桌面教具,大象、小老鼠、小兔子、小山羊、小花猫的图片和胸饰。

活动过程

1. 了解故事中的角色

教师出示动物图片,引导幼儿了解故事中的角色。

指导语:这是谁?小老鼠在森林里散步,后来发生了什么事情?

2. 完整欣赏故事

教师用生动的语言讲述故事,引导幼儿完整欣赏。

指导语：故事里有哪些小动物？

3. 观看教师操作桌面教具，学做动作并跟随教师讲故事

（1）教师讲到"小老鼠咬咬大象的细尾巴"时，幼儿学做"咬"的动作，边做边说："咬咬大象的细尾巴。"

（2）教师讲到"小老鼠觉得很有趣，就蹲在大象面前看他睡觉"时，幼儿学做"蹲"的动作，边做边说："蹲在大象面前看他睡觉。"

（3）教师讲到"看着，看着，大家看累了，都趴在大象身边，一起睡着了"时，幼儿学做"趴"的动作，边做边说："都趴在大象身边，一起睡着了。"

4. 听说表演

教师出示胸饰，带领幼儿进行听说表演。

（1）幼儿戴上胸饰边讲故事边表演，涉及故事中的对话时，分角色对话。

（2）幼儿交换角色再次表演。

附：故事

一起睡着了

一只小老鼠在森林里散步。"噢！那儿有个小山坡。"小老鼠想，"爬山是很有意思的。"啊！原来不是小山坡，是一只睡着的大象。小老鼠咬咬大象的细尾巴，大象睡得很香，一点反应也没有。

小老鼠觉得很有趣，就蹲在大象面前看他睡觉。

小兔子从这里走过，问："你在干什么呀？"小老鼠说："我在看大象睡觉呢。"小兔子也蹲下来，和小老鼠一起看大象睡觉。

小花猫从这里走过，问："你们在干什么呀？"小老鼠、小兔子说："我们在看大象睡觉呢。"小花猫也蹲下来，和小老鼠、小兔子一起看大象睡觉。

小山羊从这里走过，问："你们在干什么呀？"小老鼠、小兔子、小花猫说："我们在看大象睡觉呢。"小山羊也蹲下来，和小老鼠、小兔子、小花猫一起看大象睡觉。

看着，看着，大家看累了，都趴在大象身边，一起睡着了。

专家评析

《一起睡着了》故事中重复简单的情节以及对话性很强的内容，符合小班幼儿语言发展的特点，有利于他们学习与模仿。

活动中，教师一开始让幼儿带着疑问听故事，第一遍完整欣赏后，幼儿只需要分辨故事中的主要角色，这个环节的设计符合小班幼儿的年龄特点。欣赏与体验故事内容的环节，让幼儿在动嘴、动眼、动手等各种途径的学习中获得亲身经验，体验故事的情节、情感，理解故事内容。活动中使用的胸饰一方面进一步调动了幼儿参与活动的积极性，另一方面更能够帮助幼儿清晰地区分角色形象，便于幼儿学习角色对话，表现对话内容。

3. 河马大轮船（故事）

设计意图

《河马大轮船》故事内容短小，故事情节浅显易懂，它生动、形象地将河马的大嘴巴比喻成大轮船，符合小班幼儿的思维想象特点。故事中的语言"大河马，××大得不得了"重复出现，活灵活现，能让幼儿生动有趣地模仿。最后，小动物们一起坐着河马大轮船的快乐画面能给幼儿带来愉悦的感受。

活动目标

（1）感受朋友之间互相帮助的温馨、美好的情感。

（2）理解作品中的故事情节和人物形象，能大胆地用肢体语言表现。

（3）熟悉故事中的主要对话，学习短语："大河马，××大得不得了！"

活动准备

教学图片，幼儿用书《河马大轮船》，故事录音，大河马、小鸡、小鸭和小老鼠胸饰。

活动过程

1. 观看图片，引起兴趣

   教师出示大河马图片，引导幼儿说一说河马是什么样子的。

   指导语：你们觉得河马的嘴巴像什么？

2. 倾听教师结合图片绘声绘色地讲故事

   指导语：请你们仔细听一听，故事里有谁？发生了什么事情？

   （1）教师完整地讲故事，引导幼儿边听边用动作表现大河马的形象。

   重点：引导幼儿用动作表现"嘴巴大得不得了""身体大得不得了""力气大得不得了"。

   （2）提问，帮助幼儿理解故事内容。

   指导语：小鸡、小鸭、小老鼠找大河马干什么？河马怎么会变成大轮船了？

3. 自主翻看小书，进一步理解和熟悉故事内容

4. 学习故事中角色的对话，进行听说表演

   （1）引导幼儿边看图片边和教师一起讲故事。

   （2）运用提问的方式引导幼儿练习故事角色的对话。

   指导语：小动物们找大河马有什么事？

   （3）教师带领幼儿边讲故事边分角色进行表演。

   教师（大河马）：你们找我有事吗？

   幼儿（模仿小动物相互推，最后扮演小老鼠的幼儿站出来）：我们想坐大轮船。

   教师（大河马）：哈哈哈……明白啦！明白啦！小朋友们请坐好，河马大轮船要出发了！

5. 在"开轮船"的游戏中自然结束活动

   教师站在最前面，幼儿跟在教师的后面，一个拉着一个的衣服，开着"大轮船"，走出活动室。

> **附：故事**
>
> **河马大轮船**
>
> 　　大河马，嘴巴大得不得了！大河马，身体大得不得了！大河马，力气大得不得了！
>
> 　　小鸡、小鸭、小老鼠一起去找大河马。大河马问："你们找我有事吗？""你说吧……""你说吧……"小鸡推小鸭，小鸭推小老鼠，小老鼠鼓足勇气说："我们想坐大轮船。""大轮船？"大河马想了想，"哈哈哈……明白啦！明白啦！小朋友们请坐好，河马大轮船要出发了！"
>
> 　　"嘟——"
>
> 【武玉桂.河马大轮船［M］.长春：吉林美术出版社，2013】

专家评析

　　小班的幼儿非常喜欢与动物有关的故事，而《河马大轮船》正是这样一个情节简单、充满趣味性和想象的故事。

　　教师运用幼儿非常喜欢的夸张表演和模仿，让幼儿感受到了河马的"大"。同时，采取自主阅读的形式帮助幼儿自主理解故事。活动中，教师在完整讲述故事后，再带领幼儿一起阅读，加深了幼儿对故事情感的理解。为了保持幼儿的专注，教师利用图片作为辅助，以培养幼儿专注倾听的良好习惯。在熟悉故事的基础上幼儿自主选择自己喜欢的角色进行游戏，以另一种方式表达了对作品的理解。

4. 车子用处大（谈话）

设计意图

　　小班幼儿通过外出参观、实地观察、观看录象等活动，对各种车子的名称和功能有了一定的了解，尤其是对警车、救护车等有特殊用途的车产生了极大的兴趣。为了能让幼儿对各种各样车子的经验得以提升，进一步增加对车子的认识，本活动围绕"车子用处大"拓展了谈话的内容，让幼儿对生活中常见的车辆有了更为丰富的了解。

活动目标

（1）能积极参与车子用处的讨论，大胆表达自己的见解。

（2）了解生活中常见车辆的基本功用，感受车子给人们生活带来的便利。

（3）愿意和同伴一起玩自己带来的车辆模型，体验分享的快乐。

活动准备

（1）知识经验：幼儿已随家长或老师上街观察过车辆，认识多种车辆。

（2）物质材料：各类车辆的图片和影像资料；幼儿自己喜欢的各种车辆模型。

活动过程

1. 回顾经验，说说自己来园乘坐的交通工具

指导语：你平时是怎么上幼儿园的？如果坐车，一般是坐什么车？（幼儿自由表达，教师适时回应，引导幼儿讨论乘坐各种车子的注意事项，如乘坐出租车、自行车、公共汽车、摩托车、小轿车等）。

2. 介绍自己喜欢的车辆，分享其用处及喜欢的理由，初步感知车子用处大

（1）幼儿自由交流，教师巡回观察、倾听，提醒幼儿大方交谈、认真倾听。

指导语：小朋友都带来了自己的车辆，请你们一边玩一边和同伴说一说，你带来的是什么车？有什么本领？你为什么喜欢它？

（2）请幼儿在集体面前演示并介绍自己的车，教师视情况回应。

3. 观察图片，欣赏影像资料，拓展话题，了解不同车辆的不同功用

（1）教师边讲故事《各种各样的车子》边出示相应的图片，幼儿安静欣赏。

指导语：故事中的小朋友上街看到了什么车？它们分别有什么用？你还知道哪些不一样的车？它们又有什么用？

（2）欣赏有关车的影像资料，引发交谈。

指导语：你最喜欢哪一辆车？它有什么特别的地方？

（3）小结：马路上有各种各样的车子，它们给人们带来了很多便利，

帮了人们很多忙。我们不但要爱护车子，还要注意安全，不要到机动车道上奔跑玩耍。

4. 玩游戏"好玩的车子"，体验分享的快乐

幼儿互换自己带来的车模，和同伴共同玩耍，结束活动。

专家评析

"车子"是幼儿在日常生活中常见的且不可或缺的一种交通工具，以此为题材开展活动能够充分调动幼儿的经验让他们"想说""能说"。另外，活动不光就"汽车"展开谈话，而是将其拓展为"各种各样的车子"，以此来丰富幼儿的生活经验，帮助他们建构新的谈话经验和表述能力。

活动从幼儿的生活经验导入，能引发幼儿交谈的兴趣，让幼儿"有话可说"。每个幼儿手中都有自己带来的玩具车辆，一边玩一边说，这符合小班幼儿表达的特点。此外，在观察别人的玩具车辆的过程中，幼儿自然地了解到其他车辆的基本特点，从而进一步拓展了经验。有关车子的图片资料和影像资料能进一步调动幼儿交谈的兴趣，丰富幼儿有关车子的生活经验。

5. 我的爸爸（谈话）

设计意图

父母是幼儿生活中最亲密的人，如果说妈妈似水，那么爸爸就是幼儿心目中的山。"我的爸爸"是幼儿比较熟悉并且有话能谈的话题，容易引起幼儿的共鸣，从而积极有趣地交谈。通过这个谈话活动，可以培养幼儿倾听的习惯与语言表达能力，引导幼儿学习围绕话题表达自己的想法，并初步懂得口语交谈规则。

活动目标

（1）通过谈论自己的爸爸，增进对爸爸的了解，热爱和关心爸爸。

（2）养成安静倾听同伴谈话、轮流交谈的习惯。

（3）学习围绕主题谈话，会用简短的语句介绍自己的爸爸。

活动准备

（1）知识经验：幼儿在日常生活中已经有意识地观察过自己爸爸的特点及日常生活习惯。

（2）物质材料：请每个幼儿带一张自己爸爸的照片，制成展板；有关爸爸的简笔画，如爱睡的爸爸、贪吃的爸爸等；歌曲《我有一个好爸爸》。

活动过程

1. 观看一张有关爸爸的照片

教师展示一张幼儿爸爸的照片，通过提问引出谈话主题。

指导语：这是谁？你能跟我们介绍一下你的爸爸吗？

2. 围绕"我的爸爸"自由交谈，教师巡回指导

指导语：我们每个人都有爸爸，今天老师请你们来说说自己的爸爸是什么样子的。（将幼儿分成几个小组或两两结伴，请幼儿各自拿着自己爸爸的照片，向同伴作介绍，教师参与幼儿谈话，间接引导幼儿围绕主题交流）

3. 在集体面前介绍自己的爸爸

（1）教师示范谈谈自己爸爸的特点（长相、职业等）。

（2）请个别幼儿在集体面前介绍，引导幼儿认真地倾听他人谈话。

4. 根据教师提问，进一步拓展谈话范围

指导语：你喜欢你的爸爸吗？为什么？你的爸爸在家会为你做些什么呢？

（1）出示不同爸爸的简笔画，如爱笑的爸爸、喜欢运动的爸爸、跟孩子做游戏的爸爸、爱睡觉的爸爸、贪吃的爸爸等，引导幼儿观察并讨论：你的爸爸是这上面的哪一个？你喜欢哪一个爸爸？（幼儿在相应的爸爸画像下贴上小星星贴纸）

（2）教师可根据幼儿的兴趣生成有关爸爸特点的谈话内容，比如为什么爸爸那么爱睡等。

5. 表达对爸爸的爱

指导语：每个爸爸都很爱自己的孩子，他们每天很辛苦地工作，小朋友们也需要关心自己的爸爸、爱爸爸。你爱爸爸，会对爸爸说什么呢？（每一个幼儿轮流表达）

6. 师幼欣赏《我有一个好爸爸》歌曲，结束活动

专家评析

"我的爸爸"这一话题有利于丰富幼儿对于爸爸的认识，增强他们对爸爸的情感。

活动开始只出示一张某个幼儿的爸爸的照片，被点名的幼儿大方地介绍了自己的爸爸，给其他幼儿树立了一个榜样，引发了幼儿谈论爸爸的兴趣。活动中，教师很好地抓住了小班幼儿的学习特点，通过贴星星贴纸的方式来说说自己喜欢的爸爸，调动了幼儿交谈的兴趣。之后，让每个幼儿用语言表达对爸爸的爱是活动的点睛之处，进一步提升了幼儿爱爸爸的情感。

6. 矮矮的鸭子（儿歌）

设计意图

富有童趣的儿歌《矮矮的鸭子》八字为一句，将鸭子的形象描述得鲜明生动，游戏性强，而且读起来富有极强的动感，有节奏又押韵，深受小班幼儿的喜爱。这首儿歌的教育价值主要体现在它的趣味性上，活动让幼儿扮演鸭子愉快地游戏，感受儿歌朗读的节奏美和韵律美。

活动目标

（1）感受儿歌诵读的情趣和扮演小鸭子的乐趣。

（2）掌握朗读儿歌的节奏，了解鸭子的形象特征。

（3）学习并理解叠词"矮矮""歪歪""拍拍""晒晒"的含义。

活动准备

(1) 知识经验：幼儿已认识鸭子，模仿过鸭子走路的样子。

(2) 物质材料：鸭子头饰幼儿人手一个，节奏感明快的音乐，鸭子玩具一个。

活动过程

1. 观察小鸭子玩具，激发参与活动的积极性

指导语：今天有一位小客人来这里做客（出示鸭子玩具）。请你们说说，鸭子是什么样子的？

2. 通过角色扮演游戏，欣赏并学习朗诵儿歌

(1) 教师扮演小鸭子朗读，引导幼儿完整欣赏儿歌。

(2) 带领幼儿回忆儿歌内容，引导幼儿用动作表现，熟悉儿歌。

指导语：这首儿歌你最喜欢哪一句？（幼儿说一句，教师念一句，引导幼儿模仿动作）

(3) 教师带领幼儿通过扮演小鸭子的方式，尝试完整朗诵儿歌。

指导语：这首儿歌你喜欢吗？我们都来扮演可爱的小鸭子吧！（幼儿扮演小鸭子，边模仿动作边完整朗读）

3. 在音乐中表演、朗诵

指导语：今天天气真好！跟妈妈一起出去晒晒太阳吧！

教师播放音乐，幼儿随音乐表演并朗诵儿歌。

附：儿歌

矮矮的鸭子

一排鸭子，个子矮矮。

走起路来，屁股歪歪。

翅膀拍拍，太阳晒晒。

伸长脖子，吃吃青菜。

一排鸭子，个子矮矮。

走起路来，屁股歪歪。

专家评析

《矮矮的鸭子》儿歌短小、生动，八字一句形象地描绘出小鸭子走路、晒太阳、吃青菜的样子，既符合小班幼儿语言发展的特点，也便于幼儿边模仿边学习。

活动中，教师带领幼儿有节律地朗诵儿歌，加上动作的辅助，会让幼儿感觉既好玩又好学。在每次表演的时候，教师都注意用夸张的动作和表情去表现小鸭子的可爱，从而引导幼儿发现儿歌的有趣，进而激发幼儿表达表现的愿望，以达到学习儿歌并表演的目的。活动最后，组织幼儿随音乐表演、朗诵儿歌，进一步增强了幼儿的游戏体验。

7. 虫虫飞（儿歌）

设计意图

《虫虫飞》是一首朗朗上口又富有童趣的儿歌，在"虫虫虫虫飞飞飞"句子反复的过程中，塑造了虫虫飞的可爱动感。扮演虫虫，模仿虫虫飞到不同的地方，是幼儿特别感兴趣的事情。

活动目标

（1）注意倾听，大胆表演，体验游戏带来的乐趣。

（2）运用游戏的方式感知理解儿歌内容。

（3）学习有节奏地朗诵儿歌，发准"h""t""d"的音。

活动准备

儿歌图片，小虫虫指偶。

活动过程

1. 与教师共同模仿虫虫飞，激发活动兴趣

指导语：我们都是可爱的虫虫，让我们一起来飞一飞吧！

2. 玩游戏：请你这样做

（1）教师发出"虫虫虫虫飞飞飞"的指令，请幼儿边做动作边说一说。

（2）教师引导幼儿观察草地、花园、天空、树杈的图片，用"虫虫虫虫飞飞飞，飞到××"的指令引导幼儿熟悉、理解和表达儿歌内容。

（3）教师用儿歌中的句子提示幼儿做相应的动作，引导幼儿理解和表演"喝露水""踢踢腿""排成队""睡一睡"的动作。

3. 回忆儿歌内容，欣赏儿歌

指导语：刚才虫虫们玩游戏，去了哪些地方？做了什么呢？我们听听儿歌是怎么说的。（教师完整朗诵儿歌，带领幼儿欣赏）

4. 观察儿歌图片，练习朗诵儿歌

教师出示儿歌图片，引导幼儿练习朗诵儿歌。

（1）引导幼儿用填空的方式参与朗诵。

（2）引导幼儿用接龙的方式朗诵儿歌。

（3）用幼儿朗诵、教师做相应动作的方式引导幼儿完整朗诵。

5. 集体玩指偶游戏

（1）部分幼儿念儿歌，其余幼儿扮演虫虫飞。

（2）幼儿集体念儿歌，边念儿歌边玩指偶游戏。

附：儿歌

虫 虫 飞

虫虫虫虫飞飞飞，飞到草地喝露水。

虫虫虫虫飞飞飞，飞到花园踢踢腿。

虫虫虫虫飞飞飞，飞到天空排成队。

虫虫虫虫飞飞飞，飞到树杈睡一睡。

专家评析

《虫虫飞》儿歌朗朗上口，简短又重复的语句非常适合小班幼儿学习，其押韵的尾词更增添了儿歌的趣味性，激发了幼儿学习的兴趣。

活动中，教师采取了难点前置的方式组织活动，在情境中引导幼儿熟悉儿歌结构——"虫虫虫虫—飞飞飞—飞到—××—ooo"；而教师适时出示的图片以及多种游戏相结合的方式，调动了幼儿的多种感官参与学习，让幼儿能饶有趣味地朗读与表演。最后，教师出示指偶玩具，通过做游戏的方式让幼儿体验了学习的快乐。

8. 小猪爱睡觉（儿歌）

设计意图

儿歌《小猪爱睡觉》讲述的是猪妈妈叫小猪起床，而小猪一直赖着不起的故事。儿歌中描述的胖乎乎、憨态可掬的小猪形象，深受幼儿的喜爱。其中的情节和对话也很有趣，很适合幼儿表演。儿歌中蕴含着热爱幼儿园、喜欢上幼儿园的情感，对刚入园的幼儿有教育意义。

活动目标

（1）感受儿歌的趣味性，激发爱上幼儿园的情感。

（2）能积极参与游戏，体验游戏的快乐。

（3）能根据自己的生活经验，扩展儿歌内容。

活动准备

小猪头饰两个；教师和一名幼儿事先排练好儿歌的情境表演。

活动过程

1. 观察小猪头饰，引起活动的兴趣

教师出示小猪头饰，提问：这是谁？小猪是什么样子的呢？他最喜欢干什么啊？（引出儿歌第一句：小小猪，胖乎乎，爱睡觉，爱打呼）

2. 欣赏一名幼儿和教师表演的儿歌，理解儿歌内容

教师和一名幼儿表演儿歌后，提问：猪妈妈是怎样叫小猪起床的？小猪是怎么回答的？后来小猪起床了吗？为什么？

3. 进行角色扮演游戏，学习儿歌

（1）幼儿集体扮演猪妈妈（或猪爸爸），朗读儿歌第一句：小小猪，胖乎乎，爱睡觉，爱打呼。

（2）幼儿集体扮演小猪，由教师或个别幼儿扮演猪妈妈（或猪爸爸），表演儿歌后四句2～3遍。

4. 创编新的儿歌内容

指导语：早上，爸爸妈妈还会怎么叫你们起床呢？（引导幼儿编出叫小猪起床的句子，比如"小猪，小猪，该吃饭了"）

5. 表演上幼儿园的情境，结束活动

鼓励幼儿表演自己早上起床上幼儿园的情境，争取做个不赖床的宝宝。

附：儿歌

小猪爱睡觉

小小猪，胖乎乎，爱睡觉，爱打呼。

小猪，小猪，该起床了！不行！不行！我要睡觉！

小猪，小猪，该穿衣服了！不行！不行！我要睡觉！

小猪，小猪，该洗脸了！不行！不行！我要睡觉！

小猪，小猪，该上幼儿园了！哦，起来了！

专家评析

生动又形象的儿歌非常适合小班幼儿模仿和学习，同时结合幼儿生活的内容又有利于幼儿进行仿编。

活动中，导入时的情境表演直观又形象地表现出儿歌的内容，既能吸引幼儿的注意，激发幼儿参与的兴趣，又能直接引导幼儿学习儿歌内容。组织过程中，以幼儿扮演小猪来表演的形式让幼儿在不知不觉中学习了儿歌。小班的幼儿已经具备一定的关于睡觉、起床、上幼儿园的生活经验，因此，在幼儿熟悉了儿歌内容以后开展简单的创编活动，有利于幼儿将生活经验转化为语言表达。

9. 小蚂蚁（儿歌）

设计意图

《小蚂蚁》是一首充满童趣的儿歌。该儿歌朗朗上口，游戏性强，符合小班幼儿的审美情趣，儿歌中游戏化的情节就像幼儿在跟蚂蚁愉快地玩耍。对于幼儿来说，动物就像他们的一个玩伴，充满了生命力。本活动运用游戏化的方式，让幼儿在轻松愉快的氛围中体验当小蚂蚁的快乐。

活动目标

（1）体验一起扮演小蚂蚁游戏的乐趣。

（2）感受儿歌欢快的节奏，了解儿歌的内容。

（3）能根据游戏内容进行想象创编。

活动准备

蚂蚁的图片，儿歌图片。

活动过程

1. 观察蚂蚁的图片，说出自己观察到的蚂蚁的外形特征

教师出示蚂蚁的图片，提问：你见过小蚂蚁吗？它长什么样？

2. 观察儿歌图片，并在教师的带领下通过模仿游戏初步感知儿歌内容

（1）出示图片，引出儿歌第一句。

指导语：这只小蚂蚁在干什么？小蚂蚁真能干，我们一起来表扬它吧！（"小蚂蚁，了不起，干起活来有力气"）

（2）引出儿歌第二句，鼓励幼儿模仿蚂蚁的动作。

指导语：这只小蚂蚁背起一座山，嗨哟嗨哟回洞里。请小朋友学一学小蚂蚁背山的动作是怎样的。（引导幼儿用"嗨哟嗨哟"的声音模仿蚂蚁干活时候的声音）

（3）引出儿歌最后几句。

指导语：小蚂蚁背的真的是一座山吗，那会是什么？（教师用夸张的

语气表现儿歌最后一句）

3. 欣赏教师完整朗诵儿歌

指导语：老师把刚才我们玩的游戏编成了一首儿歌，一起来听一听。

4. 扮演小蚂蚁，通过游戏熟悉儿歌

（1）在教师的带领下，幼儿边念儿歌边模仿小蚂蚁。

（2）游戏：蚂蚁过山洞。

①教师交代游戏规则：小朋友一边过山洞一边念儿歌，当念到"蚂蚁背的是什么"时，我会用手套住一位小朋友，小朋友需要说出自己背的是什么。

②播放欢快的音乐，让幼儿随音乐边游戏边念儿歌。

（3）引导幼儿在游戏中创编，比如"哦，原来小蚂蚁背的是一粒花生米"。

5. 在音乐中结束活动

师：今天我们班的小蚂蚁真能干，能背好多好多的东西，我们一起来表扬自己吧。"小蚂蚁，了不起，干起活来有力气……"

附：故事

小 蚂 蚁

小蚂蚁，了不起，
干起活来有力气。
蚂蚁背起一座山，
嗨哟嗨哟回洞里。
蚂蚁背的是什么？
哦……
原来是一粒白大米。

专家评析

内容简单、语句重复，并且带有较强的动作性的儿歌是幼儿喜欢的。《小蚂蚁》这首儿歌中不论是"嗨哟嗨哟"的拟声词还是小蚂蚁搬大米的过程，都会让幼儿产生学习、模仿的兴趣。

活动过程中，教师在创设的情境中引导幼儿分段欣赏儿歌，将整首儿歌以游戏的形式呈现出来，这种学习方式是小班幼儿所喜爱的，有利于幼儿更好地熟悉与理解儿歌的内容；设计的"蚂蚁过山洞"的游戏也是幼儿十分喜爱的。在反复的游戏中，幼儿既体验到了快乐，又能在不知不觉中朗诵、熟悉儿歌。此外，加上音乐节律的辅助，使得儿歌更加朗朗上口，易于学习。

小班

10. 我是小画家（儿歌）

设计意图

大部分小班幼儿喜欢拿起画笔在纸上乱涂乱画，没有主题，随意性较大；还有一部分幼儿不愿意动笔参与绘画活动。《我是小画家》这首儿歌对培养幼儿喜欢绘画有一定的辅助教育价值。儿歌中富有情趣和节奏感的语句，让幼儿在快乐的朗诵中真切地感受到画画是多么好玩的一件事。而多通道的、各领域间内容互相整合、互相渗透的教学模式更有利于幼儿情感的培养以及能力的综合发展，能够激发幼儿学习的兴趣。

活动目标

（1）体验儿歌朗朗上口的节律，感受画画的快乐。

（2）能大胆地表达，并尝试仿编儿歌的一句话。

（3）学习发准"青""红""嗡"等后鼻音。

活动准备

（1）知识经验：幼儿在日常生活中认识蜜蜂、青蛙。

（2）物质材料：小黑板、绒布各一块；叶儿、花儿、蜜蜂、青蛙、小画家的图饰形象各一个；小狗、小猫、小鸡、小鸭图片。

活动过程

1. 情境导入，引出小画家

教师揭开遮布，引导幼儿观看绒布上的景色。

指导语：绒布上有什么？这幅美丽的图画是这个小画家画的。（出示小画家的图饰形象）

2．观看教师运用图饰进行的儿歌表演，学习儿歌内容

（1）通过观看叶儿、花儿图饰，熟悉儿歌第一句内容。

指导语：小画家画了什么？是什么样的？（教师注意用儿歌中的语句小结幼儿的回答——"画的叶儿青又青，画的花儿红又大"）

（2）教师出示两只蜜蜂形象，引导幼儿学习"画的蜜蜂嗡嗡嗡"。

指导语：这个小画家可会画画了，他又在画上画了两只小蜜蜂。小蜜蜂飞起来是什么声音？（"嗡嗡嗡"）

（3）出示青蛙形象，引导幼儿学习"画的青蛙呱呱呱"。

指导语：这个小画家又想，池塘里有荷叶，在荷叶上面画两只青蛙更好看。于是，他又在荷叶上画了两只青蛙。青蛙怎么叫？（"呱呱呱"）

（4）引导幼儿观察图片，尝试朗诵小画家"画的内容"。

3．幼儿打节拍，教师完整朗诵儿歌

指导语：这幅漂亮的画被编成了一首好听的儿歌，小朋友们拍着小手，来听一听老师的朗诵。（教师完整朗诵儿歌）

4．玩游戏，朗诵与表演儿歌

（1）教师念前面的部分，幼儿念后面的"青又青""红又大""嗡嗡嗡""呱呱呱"。

（2）幼儿扮演小画家，根据图片提示朗诵儿歌。

5．根据图片进行儿歌仿编

指导语：如果小朋友们是小画家，你们想画些什么呢？

（1）教师出示小狗图片，示范仿编：画的小狗汪汪汪。

（2）教师出示小猫、小鸡、小鸭等动物的图片，引导幼儿根据图片仿编。

附：儿歌

我是小画家

我是小画家，我是小画家，画的叶儿青又青，画的花儿红又大。

我是小画家，我是小画家，画的蜜蜂嗡嗡嗡，画的青蛙呱呱呱。

**专家评析**

《我是小画家》儿歌的选择结合了幼儿平时的生活经验,能较好地调动幼儿学习的兴趣。同时儿歌内容简单又重复,便于幼儿学习与仿编,对于培养幼儿良好的学习、操作习惯也有一定的帮助。

活动中,教师通过展现图片引导幼儿交流与讨论,并及时地用儿歌的语句小结每张图片的内容,既有利于幼儿在理解的基础上进行儿歌学习,又有利于幼儿记忆;运用了多种游戏的方式,更好地调动了幼儿的多种感官学习有韵律的朗诵。

11. 懒惰虫和勤快人(儿歌)

设计意图

《懒惰虫和勤快人》这首儿歌结构简单、语句简短、诙谐幽默,念起来朗朗上口,适合小班幼儿学习,能让幼儿在自然、有趣的情境中,通过感受和体验,享受朗读的乐趣。活动中,教师运用生动有趣的方式,创设了一个宽松、自由的语言环境,支持、吸引幼儿愉快地投入活动,让幼儿充分地感受儿歌的韵律和趣味,并鼓励每个幼儿在活动中大胆地表达自己的看法,激发幼儿的表达欲望。

活动目标

(1)感受儿歌中幽默诙谐的语句,能积极、愉快地参与活动。

(2)能大胆地表达自己的想法,形象地进行表演。

(3)在游戏与讨论中了解要做个勤快人的道理。

活动准备

小鸡、小鸭布偶各一个;提前邀请大班的幼儿扮演懒惰虫。

活动过程

1. 观察木偶，了解懒惰虫的形象

教师出示小鸡、小鸭的布偶，引导幼儿观察。

指导语：你是小小鸡，你是小小鸡，你唱歌叽叽叽。你是小小鸭，你是小小鸭，你唱歌嘎嘎嘎。还有一只小动物在睡懒觉，你们猜猜是谁呀？（幼儿讨论，自由发言）

2. 熟悉、了解儿歌的前半部分（即前两句）

（1）大班幼儿表演懒惰虫，教师与幼儿一起叫懒惰虫起床。

教师：懒惰虫，懒惰虫，起床了！

大班幼儿（懒惰虫）：不行，不行，我的手也痛。

教师和幼儿：懒惰虫，懒惰虫，起床了！

大班幼儿（懒惰虫）：不行，不行，我的脚也痛。

教师和幼儿：懒惰虫，懒惰虫，起床了！

大班幼儿（懒惰虫）：不行，不行，我的全身都在痛。

（2）教师有节奏地朗读儿歌的前半部分。

指导语：为什么懒惰虫的全身都在痛？

（3）教师与幼儿一起有节奏地朗读儿歌的前半部分。

3. 玩"你是懒惰虫"的游戏

教师随意地指着某一个幼儿，念儿歌"你是懒惰虫，你是懒惰虫"，幼儿要迅速地反应，站起来大声说："我不是懒惰虫。"

4. 熟悉、了解儿歌的后半部分（即后两句）

指导语：我们都不是懒惰虫，平时我们都会做一些什么事情？

（1）教师有节奏地朗读儿歌的后半部分。

（2）教师与幼儿一起有节奏地朗读儿歌的后半部分。

5. 师幼儿共同表演儿歌

附：儿歌

懒惰虫和勤快人

你是懒惰虫，你是懒惰虫，你呆着不想动。

> 你的手也痛，你的脚也痛，你的全身都在痛。
> 我是勤快人，我是勤快人，我全身都不痛。
> 我的手不痛，我的脚不痛，我天天在劳动。

《懒惰虫和勤快人》是一首非常有韵律、朗朗上口的儿歌。因为韵律让儿歌变得很有趣味，非常适合小班幼儿学习。

活动一开始，教师用手偶的方式吸引了幼儿的兴趣。活动中，情境的表演很好地调动了幼儿学习儿歌的积极性，而情境中的学习充满游戏性，符合小班幼儿的心理特点。之后，教师适时的追问帮助幼儿梳理了儿歌中较难记忆的部分。再之后的分角色表演儿歌一方面降低了表演难度，另一方面可以有目的地解决幼儿存在的困难。

12. 捏面人（儿歌）

设计意图

唐僧、孙悟空、猪八戒、沙和尚师徒四人，对于幼儿来说充满了神秘感。《捏面人》这首儿歌借捏面人的老爷爷之手，将四个人物的特点生动地展现在幼儿面前，并且这首儿歌本身也具有一定的韵律美。本活动运用观察、角色扮演等手段引导幼儿学习这首儿歌，并且有目的地练习"捏""耍""啥"的发音，让幼儿初步接触到捏面人这样一个富有特色的民间艺术，丰富了幼儿的生活视野。

活动目标

（1）体验角色扮演的乐趣。

（2）学习有节奏地朗诵儿歌，发准"捏""耍""啥"的字音。

（3）感知理解儿歌的内容。

活动准备

（1）知识经验：幼儿前期观看过《西游记》的相关动画片或者接触过相关故事。

（2）物质材料：唐僧、孙悟空、猪八戒、沙和尚面人各一个。

活动过程

1. 观察唐僧、孙悟空、猪八戒、沙和尚面人

（1）教师出示唐僧、孙悟空、猪八戒、沙和尚面人，引导幼儿观察。

指导语：这是谁？他们在做什么？

（2）引导幼儿学一学唐僧骑大马、孙悟空耍金箍棒、猪八戒吃西瓜、沙和尚挑着箩的动作。

2. 教师边演示手中的面人，边朗诵儿歌

（1）教师手拿面人，朗诵儿歌。

指导语：你觉得老爷爷捏的面人怎么样啊？（引导幼儿边回答边做"顶呱呱"的动作）

（2）幼儿击掌伴奏，教师朗诵。

3. 教师分段朗诵，幼儿依据提示边表演边学说儿歌

（1）教师逐句朗诵儿歌，提示幼儿依据儿歌内容表演相应动作。

（2）教师表演动作并提问"捏的什么呀"，幼儿用儿歌内容表述。

4. 看面人，说儿歌

（1）幼儿在教师的带领下看着面人学说儿歌。

（2）教师适时拿走面人，请幼儿尝试完整朗诵儿歌。

（3）师幼一边打节奏，一边完整表演儿歌。

附：儿歌

捏 面 人

捏面人的爷爷本领大，
捏出来的面人顶呱呱。
捏的什么呀？

> 你说是啥就是啥!
> 捏一个猪八戒吃西瓜,
> 捏一个唐僧骑大马,
> 捏一个沙和尚挑着箩,
> 捏一个孙悟空把金箍棒耍。

专家评析

儿歌《捏面人》中的人物形象是幼儿熟悉并喜爱的,也易于幼儿学习和表演,能帮助幼儿增长对我国特色民间艺术的认识。

活动中,教师首先通过学面人、演面人、说面人的策略,引导幼儿在直观情境中学习、理解儿歌,符合小班幼儿直观形象的学习特点,很好地调动了幼儿学习的兴趣。其次,有节奏的朗诵加上动作的表演,既便于幼儿学习和记忆儿歌中的重点字、词,又能让幼儿直观地感受到儿歌的韵律美。最后,教师引导幼儿从分段朗诵—看面人朗诵—适时拿走面人完整朗诵,在这个过程中,教师不断退出的身影和提高幼儿学习难度的策略,让幼儿的兴趣得以保持,在挑战中获得成就感和自我满足感。

13. 上床睡觉(早期阅读)

设计意图

《上床睡觉》这个故事情节诙谐幽默,动物形象鲜明突出,是分享阅读中一本非常经典的读本,深受幼儿喜欢。它主要讲述了很多小动物上一张吊床去睡觉,结果吊床掉下来,动物们都受伤住院了。幼儿通过阅读这个故事,可以从视觉的角度很直观地了解到动物一个比一个大,体会它们之间体重的个体差异,并通过模仿小动物的身体动作充分调动参与活动的主动性和积极性。

活动目标

（1）体会图书有趣的情节，积极快乐地阅读。

（2）能仔细观察图画，推测故事相关情节，并大胆表述。

（3）能感知量的轻重，理解一一对应。

活动准备

（1）知识经验：幼儿已了解很多小动物的体型特征。

（2）物质材料：床和小动物的图片，《上床睡觉》的PPT，小图画书。

活动过程

1. 观察床和小动物的图片，激发兴趣

指导语：你们在哪里睡觉？（出示床的图片）

指导语：老师给小朋友带来了一些动物朋友（出示小动物的图片），看看是谁？这些小动物们都穿了什么颜色和花纹的衣服？他们这是想干什么？要到哪里去？

2. 观察分析图画书的画面

播放PPT，引导幼儿观察"床"。

指导语：他们这是干什么去？这张床和小朋友的床有什么不一样？

小结：这张床是用网编织成的，分别绑在椰子树上，叫吊床。

3. 自主阅读小书到"大象来睡觉"

指导语：这张吊床上会有哪些动物来睡觉，请你们自己看一看。

4. 观看PPT（大书），集体进行阅读

（1）出示PPT，教师逐张播放到"大象来睡觉"，引导幼儿注意观察"谁来睡觉了""睡在哪里""怎样睡的"，并请幼儿模仿动物们睡觉时的样子。

指导语：××是怎样睡觉的？你来学一学。

（2）观察画面，猜一猜"大象来睡觉，会发生什么"，感知重量增加的结果。

指导语：吊床现在什么样子？如果大象来睡觉可能会发生什么事情？

（3）观察画面，引导幼儿学一学动物的表情，说一说故事里小动物的感受。

指导语：小动物们怎么了？你们来学一学他们的表情。小动物们心情会怎样？该怎么办？

（4）教师讲述故事结尾。

5. 师生共同表演故事，结束活动

幼儿选择自己最喜欢的场景，教师讲述，幼儿表演。

附：故事梗概

上床睡觉

有一群小动物洗完澡，穿上漂亮的睡衣，准备上床睡觉了。小蛇最早到，他刚一上床，小狮子也来了。正当两只小动物准备睡觉时，小斑马来了，接着河马也来了，眼见着床慢慢地往下沉，这时最大、最重的大象也正慢慢地往床上爬去。结果，"砰"的一声，小动物们全都重重地摔到地上，住进了医院。小蛇的身体受伤了，小狮子的胳膊受伤了，斑马的腿受伤了，河马的头部受伤了，大象的鼻子受伤了，在鳄鱼医生的精心治疗下，小动物们很快好了。

（奕阳教育研究院，2010）

专家评析

"睡觉"与幼儿的生活息息相关，因此故事《上床睡觉》能够很好地引起幼儿的共鸣；同时，故事的主人翁又是几个可爱的小动物，这样更能很好地吸引幼儿。故事中简单重复的情节和生动形象的画面，既有利于幼儿模仿与学习，更有易于幼儿表达与表现。

活动开始，教师能充分地调动幼儿的生活经验，有效地引导幼儿对"床和睡觉"进行重点关注，为后续阅读做好铺垫；同时，能依据小班幼儿的年龄特点和已有经验，大胆尝试鼓励幼儿围绕"床上会有哪些动物来睡觉"这根故事主线进行自主阅读，既尊重了幼儿的主体地位，又锻炼了幼儿的阅读能力；之后，动作的模仿使学习氛围变得轻松有趣；最后，通过集体讨论和故事表演，引导幼儿重视日常生活安全，真正将新经验运用到生活中，有效地挖掘了故事蕴含的价值。

14. 想吃苹果的鼠小弟（早期阅读）

设计意图

《想吃苹果的鼠小弟》是一个非常有趣的故事，它把鼠小弟为吃到树上的苹果，极力模仿身边的动物的样子刻画得惟妙惟肖。故事中，矮小的鼠小弟想尽各种办法也摘不到苹果，但他依然坚持着，最后在海狮的帮助下摘到了苹果。故事的情节简单有趣，结尾却出人意料、令人愉快，幼儿从中不但可以认识各种动物和它们独特的本领，还可以学习数数，学习思考如何解决问题，体验合作与分享的快乐。故事蕴含着丰富的教育价值，寓教于乐，非常适合幼儿阅读。

活动目标

（1）感受故事情境的趣味性，体验小伙伴间互相帮助的乐趣。

（2）能认真观察图片，乐意用语言表达自己的思考。

（3）通过看看、想想、猜猜动物们摘苹果的方法，了解故事情节。

活动准备

（1）知识经验：幼儿对于一些常见动物的外形特征和本领有一定的了解。

（2）物质材料：教学挂图（或多媒体课件），幼儿用书，实物苹果。

活动过程

1. 谈话导入活动

（1）教师出示图书封面，介绍鼠小弟，引导幼儿观察。

指导语：你们吃过苹果吗？是什么味道的？鼠小弟望着树上红红的苹果会怎么想？你觉得鼠小弟能摘到苹果吗？为什么？

（2）小结：鼠小弟太小了，苹果树又高又大，他可能摘不到树上的苹果。

2. 观察前两幅图片，了解故事内容

（1）引导幼儿观察"小鸟摘苹果""小猴摘苹果"的图片。

指导语：看看谁来了？他们能够摘到苹果吗？他们会怎么摘苹果？看

到小鸟和小猴摘到了苹果，鼠小弟是怎么想的？

（2）小结：鼠小弟想："要是我也有翅膀，那该有多好呀！""要是我也会爬树，那该有多好呀！""我也想要有摘苹果的本领。"可是，鼠小弟没有翅膀，也不会爬树，还是摘不到苹果。

3. 逐幅观察画面，模仿鼠小弟的样子，并学说"要是我也……那该多好啊"

（1）引导幼儿观察画面内容，说一说鼠小弟看到小动物摘苹果时的心情。

指导语：鼠小弟心里是怎么想的？（"要是我也……那该多好啊"）

（2）幼儿模仿鼠小弟学小动物摘苹果的样子。

指导语：鼠小弟是在学谁的样子？你是怎么看出来的？

小结：大象、长颈鹿、袋鼠都摘到了苹果，可是鼠小弟没有长长的鼻子，也没有长长的脖子，更跳不到袋鼠那么高，还是摘不到苹果。

4. 观察鼠小弟学小动物摘苹果的样子，思考"鼠小弟怎样才能摘到苹果"

（1）指导语：朋友们会对他说些什么呢？有什么办法能让鼠小弟摘到苹果呢？

（2）幼儿自主阅读，寻找答案。

（3）指导语：最后鼠小弟是怎样吃到苹果的？

5. 分享苹果，结束活动

指导语：苹果真好吃！你们想吃吗？鼠小弟也想到我们这些好朋友了，他把摘下来的苹果装进篮子里，给我们送苹果来喽！

附：故事梗概

想吃苹果的鼠小弟

高高的树上长着红红的苹果，鼠小弟好想吃。他希望自己像小鸟一样能飞，像猴子一样会爬树，像大象一样有长长的鼻子……这样他就可以吃到苹果了。可是鼠小弟没有那样的本领，他尝试了各种办法，还是摘不到苹果。看着树上的苹果一个个被摘走，他有点着急。这时候，海狮来了，他用顶球这个绝活把鼠小弟顶到了树上，合作摘到了苹果。

[中江嘉男.想吃苹果的鼠小弟［M］.赵静，文纪子，译.海口：南海出版社，2014]

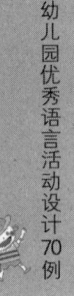

专家评析

绘本故事《想吃苹果的鼠小弟》是日本作家中江嘉男的世界经典绘本《可爱的鼠小弟》系列中内涵最丰富，最具教育功能和娱乐性的一本。故事中可爱的鼠小弟尝试用各种方法摘果子的场景是小班幼儿最喜欢的情节，既能用言语表达，又可以用动作模仿。

这是一个令幼儿开心的绘本故事，在整个故事的学习中，幼儿通过猜想、表达、想象和扮演鼠小弟的各种动作，享受着阅读绘本的乐趣，感受着故事的趣味性。整个活动能始终深深地吸引着幼儿的注意，引发幼儿积极主动的思考。在师幼共读的过程中，幼儿有趣地模仿着鼠小弟的各种动作，想象对话，体验着鼠小弟吃不到苹果的伤心与着急以及在海狮的帮忙下摘到苹果的兴奋与幸福。最后的分享苹果环节将活动推向了高潮，有利于幼儿进一步感知故事内容，体验分享的快乐。

15. 一步一步，走啊走（早期阅读）

设计意图

《一步一步，走啊走》故事短小有趣，选择了一些走路具有代表性的动物形象，画面中形象清晰、可爱，富有动感，向幼儿准确清晰地传达了五种走路的姿态——"走""爬""踱""跳""跨"，让幼儿看着图片就能模仿并说出小动物走路的样子。对于小班幼儿来说，能够吸引他们的更多的还是音乐律动、肢体表现等动态的方式。因此，本活动为幼儿提供了很多自由表现的机会，让幼儿跟着音乐模仿小动物的走路方式，摆出相应的姿势，在游戏中理解阅读内容，体验阅读的快乐。

活动目标

（1）通过看动作、听声音、找影子，联系生活经验猜测故事情节，理解故事内容。

（2）了解鸭子、兔子等小动物走路的特点，学习用"摇摇摆摆""蹦蹦跳"等词语进行描述。

（3）乐意参加说说、演演等活动，体验故事表现的情趣。

活动准备

PPT，故事中的动物的图片，黑板，胶带，小印章。

活动过程

1. 观察图片，激发兴趣

教师出示图片（羊村），提问：老师今天要带你们去一个地方玩，看看是什么地方？

2. 看图片听老师讲述，通过看一看、学一学、听一听等方式理解故事

指导语：羊村里有什么？不只我们要去羊村玩，还有好多朋友也想要去羊村玩呢。你们想知道他们都是谁吗？

（1）学一学：小动物走路的姿势。

指导语：小弟弟一步一步走啊走，在路上碰到了谁啊？（出示小乌龟的图片）小乌龟是怎么走路的？谁来学一学。

（2）听一听：这是谁的声音。

指导语：小乌龟和小弟弟一路上爬呀爬，他们又遇到了谁？听！这是谁的声音啊？谁会像大白鸭那样走路？我们一起来学学大白鸭走路吧！大白鸭一步一步摇啊摇。看看谁摇得最像大白鸭，我给他盖一个漂亮的小印章。

注意：如果有幼儿说不出动物名字来，教师可以提示。

3. 观察动物图片，回忆并进一步理解故事情节

教师一一出示绘本中出现的动物图片，引导幼儿一起排一排，在排的过程中教师完整讲述故事，让幼儿更进一步了解故事内容。

指导语：刚刚我们在羊村都遇见了谁？他们都是怎么样走的？

指导语："嗷呜——"这是什么声音啊？羊村里有大老虎呀，我们该怎么

办呢?

4. 在情境游戏中排队离开活动室

指导语：羊村有老虎不安全，现在我们也排好队去找个安全的地方躲起来吧！

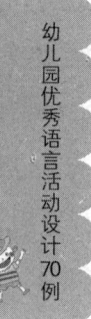

专家评析

绘本《一步一步，走啊走》中生动的画面图片、熟悉的动物形象和简单的故事情节非常适合小班幼儿，而且"走""爬""踱""跳""跨"走路的方式既易于幼儿模仿，又有一定的挑战性。

活动中，教师首先借助幼儿最喜欢的动画片内容创设了"去羊村玩"的情境并贯穿始终，非常适合小班幼儿以直观形象思维为主的这一学习特点；其次，借助绘本内容，利用音乐、儿歌、游戏等多种方式引导幼儿关注动物们走路的样子，采用看一看、学一学、听一听、排一排、玩一玩等策略引导幼儿理解故事内容，让幼儿在轻松愉悦的阅读氛围中体验模仿的乐趣；最后，小小的创意盖印章奖励环节，进一步激发了幼儿参与活动的兴趣。

16. 走开，绿色大怪物（早期阅读）

设计意图

"怪物"，是儿童文化中的另类和异者，大人常常怕吓着孩子不愿提及。可是，大人有没有注意到，孩子其实是以喜欢的方式害怕着怪物。一方面，怪物因为形体特征的怪异而引起孩子的恐惧；另一方面，怪物又因为是新奇有趣的事物而让孩子试图亲近。这很像我们听鬼故事的心理，既害怕，又想听。《走开，绿色大怪物》是一本非常有创意的玩具书，作者设计了一种巧妙的方式，让小朋友可以赶走恶梦中的怪物。打开每一页，绿色大怪物都会有一个与形状和色彩有关的变化——黄色的大眼睛、蓝绿色的长鼻子、血盆大口、鲨鱼般的牙齿。巨大的绿色怪物就这样出现了,然后又走开,给小读者带来一次视觉上的奇妙之旅。

活动目标

(1)体验图书中害怕和勇敢等不同的情绪,能大方地表达自己的情绪感受。

(2)能根据信号提示逐页阅读图书,仔细观察图书内容。

(3)通过看、听、摸、表演等形式感知图书的趣味性。

活动准备

图书每人一本,小碰铃一对,音乐《张牙舞爪》,纸袋做的怪物面具。

活动过程

1.玩"我们都是小怪物"的游戏,激发兴趣

(1)讨论:你觉得怪物是什么样子的?

(2)按照"我们都是木头人"的游戏规则玩"我们都是小怪物"的游戏,在游戏中引导幼儿相互观察。

2.阅读图书,感受并理解画面内容

(1)在小碰铃的提示下逐页阅读图书。

提问:大怪物是什么样子的?用手摸一摸有什么感觉?

(2)描述图书中的怪物形象。

提问:大怪物有几只什么样的眼睛?鼻子是什么样的……

3.集体讲述故事,感受害怕和勇敢的情绪

(1)讨论:你们怕这个绿色大怪物吗?害怕时,说话的声音是什么样的?要赶跑大怪物,要用什么声音呢?(讨论时,教师要引导幼儿轮流表达,提醒幼儿注意倾听同伴的讲话,培养幼儿良好的表达和倾听的习惯)

(2)教师和幼儿一起阅读,鼓励幼儿大声地说出图书中的内容,如"走开,两只黄色的大眼睛""走开,蓝绿色的长鼻子"等。

(3)讨论:你们还害怕这个绿色的大怪物吗?我们一起和它跳个舞吧。

4.玩游戏:我和怪物跳个舞

教师和幼儿一起扮演大怪物,随音乐跳"怪物舞"。

5. 延伸活动

教师和幼儿利用废旧的纸袋制作"怪物面具"。

 **专家评析**

这是一本很有意思的玩具书，幼儿通过一页一页地翻看逐渐出现了一个大怪物，再通过一页一页地继续翻看，在游戏中锻炼自己的胆量"赶跑"大怪物。

幼儿对怪物都是又怕又爱的，所以在表达的时候会天马行空、手舞足蹈。因此，活动中教师鼓励幼儿大胆表达，鼓励他们看一看、摸一摸、说一说，丰富阅读经验。同时，幼儿在一次次大声的命令大怪物"走开"的阅读中，也会感受自己的力量与勇气。延伸活动将语言和艺术领域有效地结合起来，使幼儿在丰富的活动中获得愉快的情感体验。此外，碰铃的提示是一个非常有创意的举措，可以建立良好的阅读氛围，引导幼儿有序阅读，并保持继续阅读的兴趣。

中班

17. 小老鼠的魔棒（故事）

设计意图

变魔术是中班幼儿喜闻乐见的游戏，他们对有魔力的东西充满向往。《小老鼠的魔棒》故事描述了一只小老鼠有根神奇的魔棒，将魔棒指向某样东西并念出咒语，那样东西就会变大或变小。小老鼠利用这根魔棒，不但帮助了自己，还帮助了小伙伴。故事内容浅显易懂，非常适合中班幼儿理解和感受。为了能够充分发挥幼儿的主体性和想象力，以此故事为基础设计了语言活动，让幼儿在听故事的同时积极参与故事创编，充分体验魔棒的神奇，并感受小老鼠用魔棒帮助别人带来的快乐，以及自己创编故事的乐趣。

活动目标

（1）初步理解故事内容，尝试讲述小老鼠使用魔棒的有趣情节。

（2）体验魔棒的神奇，体会帮助别人带来的快乐。

（3）创编故事结尾，感受创作的乐趣。

活动准备

一根"魔棒"；《小老鼠的魔棒》故事动画片；小老鼠、小鸭、小兔、蘑菇、太阳的头饰；课件。

活动过程

1. 了解故事第一段，初步感受魔棒的神奇

教师出示"魔棒"教具后，说：这可不是一般的小棒，它是一根有魔力的"魔棒"，你想知道这根"魔棒"是谁的吗？瞧！原来它是小老鼠的魔棒啊！这根魔棒到底有什么样的魔力呢？我们一起来看一段动画片吧。

2. 观看动画片第一段，理解故事

（1）指导语：小老鼠带着他的魔棒出去玩的时候，遇到了什么事情？大风把小老鼠的帽子吹到了树顶上，小老鼠想了什么办法？小老鼠念了一

句什么神奇的话，大树就变小了？（幼儿自由回答）

（2）教师让幼儿拿着魔棒对大树念"咒语"，教师通过操作课件，配合幼儿的"咒语"，让大树变小或变大。

指导语：小老鼠拿到帽子后又是怎么说的？谁愿意来做这只小老鼠，拿着魔棒对大树施施魔法，看一看大树能不能变大或变小。

小结：小老鼠的魔棒真神奇，只要一念咒语，它就能把东西变大或者变小。

3. 猜想故事第二段，讲述并表演故事情节

（1）教师出示故事中的画面（草地），让幼儿自由猜想。

指导语：小老鼠来到了哪里？找到了哪些好朋友？

（2）教师点"下雨"按钮后，提问：忽然发生了什么事情？小老鼠会想什么办法呢？

（3）教师播放部分动画内容，并和幼儿合作表演该段情节。

提问：小老鼠想了什么办法？他是怎样念咒语的？（师幼自选角色合作表演这个情节）

4. 观察故事中的画面（太阳出来了），讲述故事

（1）教师出示"太阳出来了"的画面，提问：天晴了，太阳出来了，小老鼠又会怎么做呢？（请幼儿说说让蘑菇变小的咒语）

（2）播放动画片第二段，幼儿跟着小老鼠一起念咒语。

5. 倾听教师完整地讲述第二段故事，分角色表演

教师：你们看，这儿有小老鼠、小鸭、小兔、蘑菇、太阳的头饰，你们想不想扮演这些小动物来表演这段故事呢？（教师讲述故事，幼儿分角色扮演）

6. 创编故事结尾

指导语：小老鼠玩累了，想要回家，走着走着，一条小河挡住了去路，怎么办呢？（引导幼儿完整表述）

指导要点：引导幼儿仔细观察画面，进行合理的预测，比如小河边有些什么？小老鼠会想什么办法来过河？每想到一种办法，请幼儿来扮演小老鼠，对着树枝（或胡萝卜、树叶）念念咒语，教师操作课件，让树枝（或胡萝卜、树叶）变大，变成树枝桥（或胡萝卜桥、树叶桥）。

7. 给故事起名字，完整欣赏故事

（1）教师：你喜欢这根"魔棒"吗？为什么？如果你是小作家，你会给故事起什么样的名字呢？

（2）教师：我们把故事连起来完整地欣赏一遍，小朋友可以边听边跟着说一说。

附：故事

小老鼠的魔棒

有一只小老鼠，他有一根神奇的魔棒。一天，小老鼠戴着他漂亮的帽子出去玩。走着走着，忽然，刮起了一阵大风，把小老鼠的帽子吹到了树顶上。小老鼠拿不到帽子，怎么办呢？小老鼠拿起魔棒指着大树说："魔棒魔棒，让大树变小吧。"咦，大树真的变小了，小老鼠拿到了自己的帽子。接着，他又拿着魔棒对着树说："魔棒魔棒，让小树变大吧。"小树真的变成了大树，和原来的一模一样。

小老鼠来到一块草地上，找到了小兔和小鸭做朋友，他们高高兴兴地在一块儿玩耍。突然天上下起了大雨，他们找不到避雨的地方好着急呀！小老鼠拿起魔棒指着蘑菇说："魔棒魔棒，让蘑菇变大吧。"蘑菇真的变大了，变成了一把蘑菇伞，他们躲到蘑菇伞下淋不到雨啦。天晴了，太阳出来了，小老鼠又指着蘑菇说："魔棒魔棒，让蘑菇变小吧。"蘑菇真的变小了，和原来的一模一样。

小老鼠继续往前走，一条小河挡住了去路，河上没有桥怎么办呢？小老鼠拿起魔棒对着树枝说："魔棒魔棒，让树枝变大吧。"树枝真的变大了，变成了一座树枝桥，小老鼠高高兴兴地过了河。

专家评析

《小老鼠的魔棒》故事情节很有趣，又融入了关爱助人的社会性情感，对于喜欢新奇事情、喜欢交往但缺乏助人体验的中班幼儿有一定的教育价值。

活动中，教师的做法有三点值得借鉴：首先，教师大胆地打破了传统的故事教学模式，借助多媒体资源，利用可操作、互动的动画帮助幼儿更加直观、形象地感知小老鼠"变大""变小"的过程；其次，教师尊重幼儿的主体地位，不断地引导幼儿自主观察、发现，同时提问也是多样性、开放性的；再次，教师巧妙地将幼儿日常游戏的兴趣点和故事中"念咒语变魔术"的趣味点进行链接，三段故事也采用了不同的呈现方式，由易到难层层递进，幼儿学得主动、学得轻松。

18. 换一换（故事）

设计意图

《换一换》是一本情节简单却充满童趣的绘本，阐述了与朋友快乐生活的主题。中班幼儿在集体生活中开始有集体的意识，但缺少合作的方法。利用故事情境，本活动让幼儿在绘本阅读和"换一换"的游戏中，完成倾听—记住—关注的过程，逐渐形成关注朋友的意识和习惯，养成与他人友好相处的品质。

活动目标

（1）积极参与游戏，在关注同伴中体验共同生活的乐趣。

（2）能根据简短的语言指令玩游戏。

（3）理解故事中角色互换声音的情节，感受小鸡和朋友相处的乐趣。

活动准备

动物图卡（猪、鼠、狗、猫、青蛙、鸭、鸡），绘本PPT。

活动过程

1. 观看图卡，模仿叫声

教师出示图卡，提问：你们认识这些小动物吗？它们是怎么叫的？（请幼儿选择自己喜爱的动物模仿它的叫声）

2.观看故事PPT前半部分，听故事

（1）教师播放故事前半部分，即"小鸡叽叽叽地叫着……小猪哼哼哼地直点头问"，提问：你们听出来了什么？小鸡和朋友换了什么？

（2）玩"换一换"游戏。

幼儿自选一种动物图卡，扮演角色并换一换叫声。

指导语：你能像小鸡一样和朋友换换叫声吗？

3.继续观看后半部分PPT

（1）指导语：小鸡一路上还遇到了谁？它们是怎么换声音的呢？

（2）引导幼儿看PPT图片，讲故事。

提问：最后小鸡"汪汪"叫着来到妈妈面前。你们知道"汪汪"是谁的叫声了吗？

4.幼儿自由阅读，教师指导

5.活动延伸

（1）师：生活中我们还可以玩哪些换一换的游戏呢？

（2）幼儿两两结伴换名字。

指导语：现在小朋友试一试，将自己的名字和朋友的名字换一换。首先每个人大声说出自己的名字，然后我数5个数，你们要马上换成对面朋友的名字，看谁又快又好地完成。

附：故事梗概

换 一 换

一只小鸡出去玩，先跟老鼠换了叫声，"吱吱"地往前走，又连续跟猪、青蛙、狗换了叫声，接下来遇到可怕的猫时会怎样呢？通过不停的换叫声，一只小鸡嘴里出来的竟然是"汪汪"声。当憨态可掬的小鸡面对大猫时，落荒而逃的竟然是大猫。小鸡回到家，鸡妈妈歪着脑袋不解地看着这个"汪汪"叫的孩子。

【佐藤和贵子.换一换［M］.蒲蒲兰，译.南昌：21世纪出版社，2005】

专家评析

"小故事大道理",《换一换》这样一个画面、情节和角色都很简单的绘本却阐述了与朋友快乐生活的主题。故事中小鸡和朋友换叫声的情节和鸡爸爸鸡妈妈见到"汪汪"叫的小鸡的尴尬场景生动有趣,深受孩子的喜欢。

活动中,教师综合运用了说一说、玩一玩、读一读等策略不断地激发幼儿参与活动的积极性。首先,说一说其他的小动物是怎样叫的,充分调动了幼儿的生活经验,为幼儿自主阅读做了铺垫;其次,玩一玩"你能像小鸡一样换叫声"的竞赛游戏,让幼儿体验了和同伴共同游戏的快乐;最后,读一读故事,给幼儿内心独白故事创造了机会,也提供了更多与作品对话、想象的时间和空间。活动最后,延伸环节的设计进一步丰富了幼儿的生活体验。

19. 胖厨师和小老鼠(故事)

设计意图

《胖厨师和小老鼠》讲述了在一个宁静的夜晚胖厨师和小老鼠之间发生的故事。整个故事简短、写实,看似单调的故事情节却让人充满了遐想。为此,本活动抓住了故事中的关键场景,如"擦锅子""传来奇怪的声音""上楼梯""推开门"等,将乐器演奏与故事情境相结合,比如用鼓声来代表脚步声等,让幼儿在情境化的游戏中学习、表演故事,为幼儿提供自主表现的积极氛围,使幼儿感受表现和创作的快乐。

活动目标

(1)欣赏故事内容,大胆想象、推理故事情节的发展。

(2)了解几种常见乐器的声音及其基本的演奏方法。

（3）感受参与演奏乐器与大家合作讲故事的乐趣。

活动准备

（1）知识经验：幼儿认识鼓、沙球、刮胡、三角铁乐器，知道其正确的演奏方法。

（2）物质材料：故事录音，鼓、沙球、刮胡、三角铁乐器若干。

活动过程

1. 倾听故事，感受不同乐器的声音特点

播放故事录音，提问：你在故事里听到了什么声音？

2. 想象讨论"胖厨师在厨房里"的故事内容

提问：你们猜猜，胖厨师在厨房里干什么？楼上奇怪的声音到底是谁发出的呀？为什么胖厨师每次上楼都没找到小老鼠？

3. 倾听教师讲述故事第二遍，尝试配音，感受乐趣

（1）提问：你们喜欢这个故事吗？它和我们平时听到的故事有什么不同？你们听到刚才的故事中哪些地方发出了声音？

（2）讨论乐器配音，请个别幼儿示范、验证。

乐器与声音匹配：开门声——刮胡，唰唰的刷锅子声音——沙球，走楼梯咚咚咚声——手鼓等。

（3）幼儿配合乐器合作讲故事。

4. 尝试集体配合乐器讲故事

（1）指导语：用小乐器一起讲故事真好听，我们一起来试一试好吗？（提醒幼儿在不配音的时候，要管住小乐器）

（2）请四名幼儿为一组配乐讲故事。

5. 续编故事

指导语：胖厨师回到厨房继续擦锅子，后来发生了什么事情呢？

6. 活动结束

小结：原来讲故事也有各种各样的方法，我把这些宝贝们放在"欢乐小舞台"，你们再来表演，再来寻找更多美妙的声音，好吗？

附：故事

胖厨师和小老鼠

胖厨师的家是一幢二层小楼。一天，胖厨师正在厨房里擦锅子（演奏沙球模仿擦洗锅子的声音），突然，楼上传来了奇怪的声音（手指快速地敲击并在地板上画圈），胖厨师决定上楼去看一看。他走上楼梯（敲鼓模仿走路声），推开门（演奏刮胡长音模仿推门的声音），打开灯（演奏三角铁，同时做抬头看灯的动作），可是，什么都没有看到。于是，胖厨师关掉灯（做关灯的动作），关上门（演奏刮胡），走下楼（演奏鼓），回到厨房继续擦锅子。

专家评析

该活动对传统的故事教学进行了创新设计，能有机地整合音乐领域内容，巧妙地运用了四种与故事相匹配的打击乐器来为简短的故事配奏，让人有耳目一新的感觉。活动开始，幼儿在倾听故事的同时感受了乐器的声音，并根据乐器的声音想象推测"胖厨师在厨房里"的故事内容；之后，教师生动地讲述故事，尝试让幼儿配音，师幼共同感受了讲故事的乐趣；最后，幼儿分组配乐讲故事和续编故事环节，更是培养了幼儿的想象能力和合作能力。活动过程中，幼儿的表现是积极的、主动的、愉悦的，教师创设了一种宽松、自主的语言环境，让幼儿想说、敢说、喜欢说、有机会说，并能得到积极的应答。

20. 我也要搭车（故事）

设计意图

《我也要搭车》整个故事内容生动、有趣，其中蹦跳的小兔子、有刺的小刺猬、淘气的狐狸、爱放屁的鼬、长脖子的长颈鹿和活泼的小松鼠无疑是生活中幼儿的化身，贴近幼儿的生活，深受幼儿的喜爱。本次活动重点定位在"约定"上，主要引导幼儿在仔细观察图片的过程中围绕狮子爷爷和兔子、刺猬、狐狸、鼬、长颈鹿、松鼠们之间的约定展开讨论，学习、理解故事情节，了解约定的含义，感受遵守约定的重要性。

活动目标

（1）学习、理解故事情节，了解"约定"的含义，感受遵守约定的重要性。

（2）学说狮子爷爷和动物间的对话，懂得请求他人帮助时要说有礼貌的话。

（3）了解乘坐公共汽车要遵守的规则，体验扮演角色玩"搭车"游戏的快乐。

活动准备

（1）知识经验：幼儿有关于约定的经验。

（2）物质材料：故事PPT课件，角色图片，约定规则图示。

活动过程

1. 谈话引出故事内容，激发兴趣

指导语：你们知道什么是约定吗？如果没有遵守约定的话会有什么麻烦呢？今天，我们就来听一个关于约定的故事。

小结：约定就是和别人说好要去做的一件事情。

2. 观看PPT课件，理解故事前半部分，了解狮子爷爷和不同动物之间的约定

教师播放PPT课件，讲述故事到"……小松鼠们都跑来看公共汽车：'狮子爷爷，让我们也上车吧。''好好，让你们上车，但是要排队上车。'"

（1）了解狮子爷爷和小动物们的约定。

①和小兔子的约定。

提问：狮子爷爷开着自己做的公共汽车遇到了谁？他们之间说了什么？为什么兔子不能在车上蹦蹦跳跳？（引导幼儿模仿角色对话）

小结：狮子爷爷知道兔子喜欢蹦蹦跳跳，在车上蹦蹦跳跳的话会有危

险,所以狮子爷爷和兔子之间做了这样的约定。

②和小刺猬的约定。

提问:狮子爷爷接着又遇到了谁?小刺猬也想搭车,狮子爷爷同意了吗?他们之间会有什么约定?(引导幼儿扮演角色表演)

小结:小刺猬答应了和狮子爷爷的约定,高高兴兴地上车了。

③和狐狸的约定。

提问:狐狸也想搭车,狮子爷爷是怎样和他约定的?

小结:在车上可不能跟朋友们打闹。

④和鼬的约定。

提问:狮子爷爷接着又遇到了鼬,他们之间又有怎样不同的约定呢?

小结:不要在车里放屁。

⑤和长颈鹿、小松鼠们的约定。

提问:长颈鹿和小松鼠们也想来搭车,你们觉得他们能搭车吗?为什么?(引导幼儿讨论)

总结:狮子爷爷和你们一样也有这样的担心,但是善良的狮子爷爷最后还是同意他们搭车了。他和长颈鹿约定不能把头伸出窗外,和小松鼠们约定要排好队上车。

(2)呈现约定规则图示,引导幼儿操作角色图卡和约定规则图示配对,鼓励幼儿模仿角色对话。

指导语:狮子爷爷和不同的小动物做了不同的约定,请你们找找看,狮子爷爷会将约定的规则图示送给谁呢?

(3)指导语:小动物们都答应了狮子爷爷要遵守这些约定,可是他们能做到吗?我们接着往下看。

3.继续观看PPT课件,倾听故事后半部分,了解约定后发生的事

(1)教师继续播放PPT课件,继续讲后半部分故事,提问:仔细看看,发生了什么事?他们遵守了上车前和狮子爷爷做的约定了吗?

(2)小结:小动物们没有遵守和狮子爷爷之间的约定,违反了乘车的规则,所以撞车了。看来约定的事情一定要遵守,要说到做到,否则会造成严重的后果。

4. 倾听教师完整地讲述故事

5. 谈谈生活中和谁有过约定，制作公约小图卡

（1）指导语：在动物世界里发生了这样一个有关约定的故事，在我们的生活中也时时刻刻都有约定，你平时和谁有过约定？你遵守约定了吗？（幼儿自由交流）

（2）引导幼儿讨论上课应该怎样做，鼓励幼儿绘画公约小图卡。

（3）小结：我们要做遵守约定的人。和朋友约定的事情做到了，是一件很快乐的事情！和家人约定的事情做到了，你就是最棒的！

附：故事梗概

我也要搭车

狮子爷爷做了一辆很棒的公共汽车。一天，狮子爷爷开着他的公共汽车，咕噜咕噜地跑在林间的小路上。车站边站着一只兔子请求让她搭车，狮子爷爷答应了，但对她提出了乘车的约定。接着，狮子爷爷又在路边依次碰到了正在等车的刺猬、狐狸、鼬、长颈鹿、小松鼠们，每种动物上车时，狮子爷爷都会提出乘车的约定，小动物们欣然答应了。可是，当公共汽车又上路后，小动物们都忘记了上车时和狮子爷爷的约定，违反了乘车的规则，导致车撞在了树上，吓飞了小鸟，撞掉了蜂巢。

【Hemingway 社. 我也要搭车 [M]. 郑毅, 译. 上海: 少年儿童出版社, 2008】

专家评析

本活动的选材有趣、生动，符合中班幼儿的年龄特点，故事情节深受幼儿喜爱。中班幼儿的社会意识正在逐步地加强，因此，通过故事能培养幼儿初步的责任意识，对幼儿的学习与发展具有一定的价值。

活动目标定位清晰，各环节能紧扣活动目标层层递进，提问和回应也能紧紧地围绕"约定"和"遵守约定"展开，有效地达成了活动的目标。活动中，教师创新采用了情境体验、图示配对、连续画面讲述、图画记录

等方式，引导幼儿欣赏、理解故事并进行创造性的表达和表现。结束环节，教师没有一味的说教，而是结合幼儿的生活实际，引导幼儿设计班级公约。教师简短的小结则将活动推向了高潮，具有画龙点睛的效果。

21. 象鼻子滑梯（故事）

设计意图

《象鼻子滑梯》内容短小精悍，故事结构完整，情节线索明显，符合中班幼儿的认知特点。中班幼儿已具备一定的阅读能力，能初步根据画面信息大致说出故事情节，而本故事的语言结构为幼儿提供了阅读、表达的素材。本活动旨在引导幼儿初步感知故事的结构，了解完整的故事是由时间、地点、人物、情节等关键要素组成的，初步尝试用有序、完整的语言描述故事情节。

活动目标

（1）初步感知故事的结构，知道完整的故事是由时间、地点、人物、情节等关键要素组成的。

（2）尝试用有序、较完整的语言描述故事情节。

（3）喜欢和同伴一起讲故事，体验其中的乐趣。

活动准备

结合故事内容制作的图标一套，多媒体课件。

活动过程

1. 欣赏故事前半段

教师讲述故事前半段（开头至"大家玩得真高兴"），幼儿欣赏故事。

（1）教师声情并茂地讲故事。

（2）教师提问，引导幼儿了解故事结构。

提问：故事发生在什么时间？什么地方？故事中有谁？说了一件什么事情？

（3）教师根据幼儿的回答出示相应的图标，帮助幼儿理解故事。

2．了解时间、地点、人物、情节的故事四要素

（1）教师出示时间、地点、人物、情节四个图标。

（2）提问：这些图标表示什么意思？请幼儿将四个图标与故事图标匹配。

3．了解故事结构的完整性，分组和同伴一起看图标讲故事

（1）指导语：如果故事里少了时间、地点、人物、情节行不行？

（2）教师根据幼儿的回答，试着和幼儿一起讲故事。

小结：一个完整的故事中，这四个要素缺一不可。

（3）幼儿分组和同伴一起看图标讲故事。

4．了解故事后半部分

教师设疑，引导幼儿了解故事的后半部分。

（1）提问：小象没有滑梯玩，怎么办？你们有什么好办法吗？（鼓励幼儿在集体面前大胆表达自己的想法）

（2）教师讲述故事后半部分，幼儿倾听。

5．结合图示，师生共同讲故事

附：故事

象鼻子滑梯

清晨，小象、小兔子、小猴子和小花狗在山坡下玩游戏。小象伸出鼻子，给小动物们当滑梯。哧溜，小兔子从滑梯上滑了下来，大家哈哈大笑。哧溜，小猴子从滑梯上滑了下来，小猴乐得呵呵笑。哧溜，小花狗也从滑梯上滑了下来。大家玩得真高兴！

"哎！小象没有滑梯玩，怎么办？"大家都为小象想办法。小兔子找来木板，小猴子找来轮子，小花狗将这些东西做成了一个大滑板，然后小象站在大滑板上，沿着山坡哧溜滑了下来。

小动物们都哈哈大笑说："山坡是小象的大滑梯。"

专家评析

中班阶段是幼儿故事建构的重要时期,在这个阶段,教师要充分利用各种活动,提供合适的、种类丰富的语言材料发展幼儿的故事表述能力。活动中,教师有效地利用图标引导幼儿了解故事的主要结构,建构故事图式,从中习得故事讲述的四个要素,并在活动中引导幼儿尝试删减结构要素讲故事,感知要素的重要性,为幼儿完整讲述故事提供了支架。除此之外,教师还巧妙地抓住了故事中的"想象点",通过设问、追问等策略引导幼儿大胆地想象故事情节,支持幼儿的讲述。整个活动层层递进,教师的引导深入有效。

22. 大狮子和小老鼠(讲述)

设计意图

《大狮子和小老鼠》中两个动物之间鲜明的对比(一大一小)及富有戏剧性的故事结尾(小小的老鼠居然帮了大狮子的忙),容易引发幼儿的好奇心和兴趣。中班幼儿还存在着讲述空洞、枯燥,许多幼儿不愿讲述、不肯讲述、不会讲述的现象。针对这些问题,本活动借助现代化的教学手段,同时运用了双向提问的方法,让幼儿在看看、想想、讲讲、问问中由浅入深地理解故事内容及其蕴含的意义,调动幼儿语言、思维的积极性,提高幼儿讲述故事的能力。

活动目标

(1)懂得朋友之间要相互帮助,知道"小有小的用处"。

(2)仔细观察画面,能根据角色表情、动作想象角色的心理及对话。

(3)能有序地观察画面,并完整、连贯地讲述故事。

活动准备

大狮子和小老鼠的图片，PPT课件，幼儿操作用小图片若干套，字卡"咬"。

活动过程

1. 观察并讨论大狮子和小老鼠的图片

（1）指导语：小朋友，今天老师请来了两位客人，看看他们是谁？

（2）教师出示大狮子和小老鼠的图片，引导幼儿比较并讨论。

提问：大狮子和小老鼠谁的本领大？这么大的狮子和这么小的老鼠，你认为他们能成为好朋友吗？为什么？

2. 观察PPT图1和图2，尝试讲述画面的主要内容

（1）出示PPT图1，帮助幼儿了解图片内容。

提问：图片上有谁？大狮子为什么抓住小老鼠？小老鼠的表情怎样？他会怎么求大狮子？猜猜，大狮子会放了小老鼠吗？

（2）出示PPT图2，帮助幼儿了解画面内容，猜测角色心理和对话。

提问：狮子放了小老鼠吗？小老鼠获救后，心情怎么样？他会对狮子说什么？大狮子是什么表情？他为什么哈哈大笑？他可能会说什么？

3. 观察PPT图3和图4，尝试讲述画面内容

（1）指导语：过了几天，小老鼠又来到草地上玩。忽然，他听到大狮子的叫喊声。他想："可能是大狮子遇到危险了，我得去看一看。"

（2）提问：你们猜猜，大狮子遇到什么危险了？小老鼠真的能帮助大狮子吗？

（3）出示PPT图3，给画面"配音"，引导幼儿重点猜测角色心理和对话。

提问：小老鼠看见什么了？是谁把大狮子网住的？他们之间说了什么？猜猜，小老鼠会用什么办法救大狮子？（教师提供图片对话框，请幼儿扮演角色为角色"配音"）

（4）出示PPT图4，帮助幼儿了解画面内容。

提问：小老鼠用了什么办法救大狮子？得救后，大狮子对小老鼠说了什么话？

4．分组完整讲述故事内容

（1）将幼儿分成若干小组，每组分发一套小图片。

（2）幼儿操作小图片，讲述故事，并给故事取个好听的名字。

（3）请个别幼儿到前面讲故事。

5．倾听教师用夸张的语言模仿角色对话完整地讲述故事

6．围绕故事内容拓展讨论

（1）提问：听了这个故事，你想对大狮子和小老鼠说什么？

（2）小结：原来，好朋友在一起，每个人都有自己的本领，就像故事里的小老鼠"小有小的用处"。朋友之间应该互相关心、互相帮助，这样才能拥有更多的好朋友。

附：图片故事内容

图1：一天，小老鼠和他的朋友捉迷藏，不知不觉地，他爬到了一头大狮子的鼻子上，沉睡的大狮子被惊醒了。狮子睁开眼睛，把小老鼠牢牢地抓在手心里。小老鼠苦苦地哀求道："亲爱的狮大王，求求您饶了我吧！"

图2：大狮子真的放了小老鼠，小老鼠非常感谢狮子，他说："我一定会报答你的。"狮子听了哈哈大笑："我这么大，你这么小，我怎么需要你的帮助呢？"

图3：又过了几天，大狮子睡觉的时候，被猎人布下的网罩住了。他费了好大的劲，还是没有挣脱出来。他大声地呼叫："救命呀，救命！快放我出去！"小老鼠正好经过这儿，当他发现大狮子被网住时，就对大狮子说："别急，你上一次放了我，这次我会救你的。"狮子说："你这么小，救不了我！"小老鼠说："你可不要小瞧我。"

图4：小老鼠用尖尖的牙齿咬断了一根网绳。大狮子得救了，他感激地对小老鼠说："谢谢你救了我，让我们成为永远的好朋友吧！"

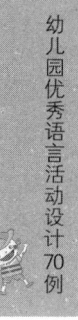

专家评析

《大狮子和小老鼠》内容有趣而深刻,充满童话色彩,故事中角色特征对比鲜明,故事的情节发展层层深入、富有悬念,是非常适合中班幼儿进行讲述活动的素材。

本次活动通过层层深入的环节设计,逐步使幼儿的讲述内容变得完整、生动、形象。首先,教师综合采用了观察讲述、加入角色对话、变换声音、模仿动作等策略,帮助幼儿理解故事内容,丰富讲述的经验;其次,针对中班幼儿逻辑思维能力发展不够完善这一特点,为幼儿提供了讲述的脉络和对话框的支架,进一步丰富了讲述内容,这也是突破活动难点的重要步骤;再次,通过幼儿分组完整讲述和互评,进一步引导幼儿理清讲述的思路和方法;最后,鼓励幼儿自选角色表演、讨论,为幼儿提供了个性化表达的平台。

23.小松鼠的大尾巴(讲述)

设计意图

《小松鼠的大尾巴》是一个充满浓浓爱意的故事。故事字里行间始终洋溢着欢快热烈的气氛与充满关爱的情感基调。中班幼儿喜欢和同伴一起讲述自己感兴趣的事物,但讲述有时不够丰富、较平淡,讲述内容也没有层次性、不够深入。本活动旨在运用故事中有趣的情节吸引幼儿,引导幼儿在讲述时能选取恰当、形象、生动的语言,对角色的状态、动作、对话进行简单的描述。

活动目标

(1)学习用简单的句子讲述小松鼠在不同季节帮助别人的情节。

(2)能根据图片以及教师的语言提示,讲述画面的主要内容。

（3）愿意帮助别人，体验帮助别人的快乐。

活动准备

小松鼠的大图片，PPT图片四幅，人手一份故事的小照片，小篓子六个。

活动过程

1. 观察并讨论小松鼠的图片

（1）教师出示小松鼠的大图片，提问："你们见过小松鼠吗？"（引导幼儿用"它有一条……"句式表述）

（2）引导幼儿围绕"小松鼠的尾巴像什么""小松鼠的大尾巴有什么作用"进行讨论。

2. 运用已有经验，尝试讲述故事

（1）教师引导幼儿选择一张图片，运用已有经验讲述图片内容。

指导语：小篓子里有三张照片，请小朋友每人选一张照片看一看、说一说，小照片上有谁？发生了什么事？

（2）教师巡回指导幼儿讲述。

（3）教师出示PPT图片，请个别幼儿讲述自己的照片内容。

3. 仔细观察图片，根据教师的提问，感知理解小松鼠的大尾巴在不同季节的作用

（1）教师示范讲述前二幅图片，引导幼儿理解故事内容。

（2）启发幼儿想象故事情节，讲述画面内容。

提问：前面我们说了春天、夏天、秋天，接下来是什么季节？在这个季节里，小松鼠会用他的大尾巴做什么呢？

（3）教师用PPT出示第四幅图片，启发幼儿看图讲述小松鼠用大尾巴当被子盖的情节。

（4）鼓励幼儿完整讲述第四幅图片的内容。

4. 师幼共同讲述故事

在讲述过程中，教师采用等待、留空等方法让幼儿填空，讲述图片内容。

5. 巩固新经验，仿编小松鼠用大尾巴帮助别人的情节

（1）指导语：小松鼠的大尾巴真神气！想一想，小松鼠还会用他的大

尾巴帮助谁呢？

（2）教师提醒幼儿用上述思路，讲述仿编的故事情节。

6. 讨论、体验帮助别人的快乐

（1）引导幼儿讨论小松鼠帮助他人的心理。

提问：小松鼠帮助了别人，他心里会怎么想？为什么？

（2）引导幼儿联系自己，理解帮助别人的快乐。

指导语：你在什么时候帮助过别人？帮助了别人，你感觉高兴吗？

附：故事

小松鼠的大尾巴

春天，小松鼠出门去，看见小鸡被雨淋湿了，小松鼠说："小鸡，我来帮助你吧！"小松鼠用大尾巴帮小鸡挡雨。

夏天，小松鼠出门去，看见小蜗牛被太阳晒出汗了，小松鼠说："小蜗牛，我来帮助你吧！"小松鼠用大尾巴帮小蜗牛扇扇子。

秋天，小松鼠出门去，看见小兔在扫树叶，小松鼠说："小兔，我来帮助你吧！"小松鼠用大尾巴帮小兔扫树叶。

冬天，天很冷，小松鼠在家睡觉，用他的大尾巴当被子盖，真暖和啊！

专家评析

《小松鼠的大尾巴》故事四段式结构，采用了排比的句式，尤其是"××，我来帮助你吧"句式的反复出现，不仅给幼儿带来了学习的乐趣，还有助于幼儿在日常生活中应用。因此，适合中班幼儿讲述。

活动中教师采用灵活、多样、有效的方法重点引导幼儿观察画面并讲述。首先，通过开放性的问题引导幼儿感知讲述对象；其次，采用幼儿自由选择画面讲述和示范讲述等策略，为幼儿提供了讲述支架；再次，运用情境性想象描述、等待、留空等游戏方法，保持幼儿讲述的兴趣；最后，以仿编故事的方式迁移幼儿的讲述经验，总结讲述方法。整个活动层层推进，生动有趣。

24. 美好的夜晚（讲述）

设计意图

美好的夜晚是什么样子的？每个人的脑海中都会浮现出一些常见的夜晚场景。本活动为幼儿提供了夜晚中的人们、动植物的场景图片，围绕"美好的夜晚"讲述对象，引导幼儿感受周围生活中的万事万物及人们在夜晚的内心情绪情感，提高幼儿的思维、观察、口语表达能力。

活动目标

（1）愿意参与"睡着了"的游戏，感受夜晚的宁静。

（2）能积极地倾听，在集体面前主动、大胆地讲述。

（3）通过细致地观察图片，尝试较完整地描述图片内容。

活动准备

收集夜晚人们、动植物的场景图片或 Flash 动画，舒缓的钢琴曲。

活动过程

1. 音乐导入，回忆自己晚上的活动

教师播放音乐，提问：这段音乐让你想到了什么？夜晚是什么样子的？你们在晚上的时候会做什么呢？

2. 观察并讲述场景图片

（1）出示人们和家人团聚的场景图片。

指导语：在这个夜晚，人们在哪里？发生了什么事？在这漆黑的夜晚，他们心里是怎么想的？

（2）出示动物夜间活动的场景图片。

①提问：夜晚所有的动物都会睡觉吗？有的动物在干什么？还有的动物在干什么呢？

②玩游戏：幼儿自选一种动物，教师说到哪只动物睡着了，被点到的幼儿就要模仿动物睡觉的样子，看谁反应快。

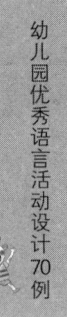

（3）出示鲜花在夜晚绽放和凋零的场景图片。

提问：夜晚的鲜花和平时有什么不一样？它们有的是什么样子，看上去怎么样？还有的是什么样子？

3. 师幼完整讲述场景图片内容

指导语：我们请小朋友用这三幅图来编个故事，故事里面一定要有图上所有的东西哦。

4. 说一说"美好的夜晚，自己最想干的事情"

播放夜晚许愿船背景，鼓励幼儿对着"许愿船"许下愿望，并用较完整的语言大胆地表达自己的想法。

专家评析

"美好的夜晚"这一主题贴近中班幼儿的生活经验和理解水平，活动中教师选择并提供了夜晚有关人们、动物、植物的场景图片，为幼儿参与讲述提供了很好的活动素材。

在活动中，教师走出了看图讲述常见的"观察图片—简短语言讲述—多图讲述—了解图片的教育意义"这样模式化的误区，充分利用多种手段激发幼儿看图讲述的兴趣。其中，优美的音乐和夜晚画面的呈现，仿佛把幼儿带入了宁静的夜晚；教师适时的提问，有效地激发了幼儿讲述的兴趣；有趣的角色扮演，丰富了幼儿讲述的内容；"许愿船"环节的设计为幼儿提供了个性化讲述的过程，突显了夜晚的"美好"意境。

25. 好吃的早餐（谈话）

设计意图

正确吃早餐是保障身体健康的一个重要因素。在日常生活中，很多幼儿被早餐问题所困扰，通常表现为偏食、不满意早餐的搭配等。故事《早餐，你喜欢吃什么》从喜欢的食物推测到相应的动物，从单一答案到多种答案，充满趣味性，引发幼儿对早餐产生兴趣。

活动目标

（1）乐意参与话题的交流。

（2）能够运用"可能""或者"等词来表达自己的想法。

（3）进一步关注自己的早餐情况，养成健康吃早餐的习惯。

活动准备

早餐图片，自制图书《早餐，你喜欢吃什么》。

活动过程

1. 观察早餐的图片，激发对话题的兴趣

（1）指导语：我们每天都吃早餐，我们都吃过哪些东西？（教师呈现早餐图片，引导幼儿说一说）

（2）引导幼儿说一说自己最喜欢（讨厌）吃的早餐。

2. 集体交流：早餐吃什么

（1）教师讲述故事《早餐，你喜欢吃什么》。

（2）玩"翻翻乐"游戏。

游戏玩法及规则：引导幼儿根据盘子里装着的食物来推测谁来吃早餐，感受句型"有可能……也有可能……"。

（3）讨论：早餐时我们应该吃些什么？在特殊的日子里，我们的早餐会吃些什么？

（4）小结：早餐时，除了刚才在故事中说的那些外，还可以吃些水果、蔬菜和粗粮，我们要样样东西都吃才能身体健康。在一些特别的日子里，我们还会吃一些特别的东西，如端午节吃粽子等。

3. 拓展谈话：怎样吃早餐更营养

根据幼儿早餐的实际情况进行两个情境表演，鼓励幼儿共同解决问题，用较完整的语言表达自己的想法。

（1）情境表演一：幼儿不吃白煮蛋。

（2）情境表演二：幼儿每天吃同样的东西。

小结：原来每天的早餐可以有不同的搭配方法，我们不仅样样东西都要吃，还要变换着吃，干湿搭配着吃，才能吃出美味、吃出健康。

附：故事梗概

早餐，你喜欢吃什么

早餐，如果你喜欢吃鱼，那么你有可能是一只猫。

早餐，如果你喜欢吃肉骨头，那么你有可能是一只狗。

早餐，如果你喜欢吃胡萝卜蛋糕，那么你有可能是一只兔子。

早餐，如果你喜欢吃青草面条，那么你有可能是一只羊，也有可能是一匹马，或者是一头牛，还有可能是一只骆驼。

早餐，如果你喜欢吃虫子饼干，那么你有可能是天上的鸟，也有可能是水里的鱼，或者是地上的小鸡。

早餐，如果你样样东西都爱吃，那么你有可能是一个大怪物，也有可能是一个健健康康的小朋友。

【改编自：殷秀华，邵殷杰．早餐，你喜欢吃什么［J］．东方宝宝，2008（09）】

 专家评析

这是一个基于幼儿的早餐问题而开展的集体教学活动，话题不仅贴近幼儿的生活经验，而且有一定的教育价值。

本活动的故事选择得很有意义，从喜欢的食物推测到相应的动物，引发幼儿谈论早餐的兴趣。之后的情境表演再现了幼儿所经历的真实问题，这种方式比直白的提问或说教更富有感染力，借助同伴互助，总结出"变换着吃""干湿搭配着吃"等一些科学的早餐方法。整个活动设计新颖巧妙，给幼儿创设了想说、能说、会说的氛围。

26. 可爱的小动物（谈话）

设计意图

幼儿对动物的喜欢是与生俱来的，他们在日常生活中、书中、动画片里都听过或看过很多有关动物的故事，积累了一些有关动物的知识。每次他们在谈论这一话题时，总是滔滔不绝。因此，本活动选择了"动物"这一谈话主题，鼓励幼儿结合自身的生活经验大胆地在集体面前表达自己对动物的认识和喜爱，从而激发幼儿积极参与谈话活动，养成认真倾听、轮流发言、完整表达的习惯和能力。

活动目标

（1）乐意参与"可爱的动物"话题的交流。

（2）能积极地倾听，并大胆地用语言表达自己的想法。

（3）进一步丰富有关"动物"的生活经验。

活动准备

（1）知识经验：幼儿对常见动物的外形、声音、饮食等已有初步的认识；能安静倾听，知道轮流发言。

（2）物质材料：各种动物图片若干，各种各样的动物PPT。

活动过程

1. 观察常见动物的图片

教师出示常见动物的图片，引导幼儿模仿动物的表情、动作、叫声，并说一说动物的喜好。

2. 集体交流：我认识的小动物

指导语：你还知道哪些可爱的动物？为什么说它们可爱？（引导幼儿从动物的外形、声音等方面进行交谈）

3. 观看课件，讨论：各种各样的动物

（1）出示动物的局部图片，请幼儿猜一猜。

指导语：这是谁？你是怎么知道的？还有谁和它有一样的特点？

（2）出示不常见的动物的图片（如娃娃鱼、河鲀等），丰富幼儿的经验。

指导语：这些动物你认识吗？你觉得它们像什么？

（3）播放课件"各种各样的动物"，引导幼儿交流讨论：你最喜欢谁？最不喜欢谁？为什么？你能介绍一下自己喜欢的动物吗？

（4）拓展谈话：动物对人类的帮助。

指导语：动物们有很多的本领，这些本领不光是保护它们自己，很多时候还给了我们人类很多很多的帮助。我们一起来看看，动物们给了我们什么帮助吧！

（5）设置三个场景（天空、陆地、水里），引导幼儿将图片上的动物送回家。

指导语：动物有的是在天空飞的，有的生活在陆地上，还有的生活在海洋里。请你们将这些动物送回家。

4. 玩游戏"木头人"结束活动

引导幼儿玩"木头人"的游戏，变成自己最喜欢（最想成为）的动物。

专家评析

动物是幼儿很感兴趣并贴近幼儿生活经验的话题。几乎每个幼儿都有自己喜欢的和不喜欢的的动物，他们喜欢模仿动物的叫声和走路的样子，乐于谈论动物的生活习性和本领。因此，选择"可爱的小动物"这一话题开展集体教学活动是非常有价值的。

活动中，教师通过说一说、演一演的游戏方式，有效地调动了幼儿参与谈话的积极性；贴近幼儿生活经验的提问让幼儿有话可说，课件和图片的支持进一步调动了幼儿谈话的兴趣，扩展了谈话经验；让幼儿根据动物的不同外形特征来猜测，对于幼儿来说充满了趣味性和挑战，是他们特别喜欢的环节；幼儿的操作体验拓展了幼儿的思维，为幼儿创造了更多的机会与同伴自由交流。整个活动不拘泥于教师说、幼儿说的固有形式，而是灵活地运用多种策略有效地支持幼儿进行完整而生动的讲述。

27. 瓜儿大（绕口令）

设计意图

　　文学作品欣赏是幼儿学习语言的一种重要途径。有的文学作品富有丰富的情感体验，有的文学作品带给幼儿优美的语言欣赏，有的文学作品则提供丰富有趣的想象空间。但正如艺术领域的学习一样，语言的学习也不能忽视语言表达技巧的练习，而绕口令就是极富民间特色，又以语言表达技巧训练为目标的一种文学形式。本活动在有趣的轮流接说中引导幼儿清楚、有节奏地朗读绕口令《瓜儿大》，感受说绕口令的乐趣。

活动目标

　　（1）感知绕口令的韵味，体验学说绕口令的乐趣。

　　（2）练习绕口令，发准易混淆的字音"夸（kuā）""瓜（guā）"。

　　（3）学习通过看图以及轮流接念的方式说绕口令。

活动准备

　　绕口令图谱，冬瓜、西瓜图片若干。

活动过程

　　1. 玩游戏导入活动

　　玩传字游戏，练习发准"夸""瓜"的字音。

　　游戏规则：教师把"夸"字说给第一排的第一个人听，第一个人再说给第二个人听，一直往下传，传到最后一个人时大声念出。若念对，全体幼儿就跟着练习发"夸"字的音。

　　2. 听教师念绕口令

　　教师出示图谱(将绕口令中的"西瓜""冬瓜""夸"用相应的图示代替)，引导幼儿边看图谱边听教师用较慢的速度示范念绕口令。

　　提问：你刚刚听到了些什么？

3. 看图谱，跟教师一起有节奏地学念绕口令

指导重点：教师重点倾听，纠正幼儿对"瓜""夸"的发音。

4. 说一说绕口令的特点

（1）师：这首儿歌和以前学过的儿歌有什么不一样？（引导幼儿发现绕口令的特点）

（2）教师边手击节奏，边快速地念绕口令一遍，幼儿欣赏。

5. 玩"念绕口令"游戏

（1）教师讲解游戏玩法和规则。

游戏玩法和规则：幼儿分成西瓜队和冬瓜队两队，用轮流的方式念绕口令。念绕口令时声音响亮、清楚正确的一队将最终获胜。

（2）幼儿游戏，教师巡回指导。

（3）幼儿互评。

附：绕口令

瓜 儿 大

甲：西瓜队种西瓜。

乙：冬瓜队种冬瓜。

甲：西瓜队夸冬瓜队的冬瓜大。

乙：冬瓜队夸西瓜队的西瓜大。

甲：冬瓜大。

乙：西瓜大。

甲：冬瓜大。

乙：西瓜大。

甲、乙：今年瓜儿个个大。

专家评析

这首绕口令内容简单、浅显易懂，是一种对话式的文体结构，深受幼儿喜欢，既适合中班幼儿，又具有一定的挑战性。在活动过程中，为了引

导幼儿清楚、正确地发准混淆音，教师采用了多种有效的策略。比如活动的第一环节组织了传字的游戏，一方面给幼儿提供了正确的语音示范，另一方面引导幼儿个别练习，便于教师随机纠音。接下来，图谱的提供能有效地帮助幼儿练习绕口令，减低了学习的难度。最后一个环节，幼儿分角色挑战和有节奏地朗诵，既激发了朗读、表现的欲望，又体验绕口令游戏的快乐。

28.上楼下楼（绕口令）

设计意图

《上楼下楼》内容有趣且贴近生活，围绕"上楼、下楼"表现了人们活动的一些场景，比如"有的上楼不下楼，有的下楼不上楼。有的上楼又下楼，有的下楼又上楼"等。这些看似简单的句子，却有很深刻的逻辑线索蕴含其中，对于中班幼儿的表达水平提出了挑战。加之，绕口令中出现了翘舌"sh"和边音"l"，经过反复练习，能很好地帮助幼儿加强声调的辨读，改善发音不准的现象。因此，设计了本次活动，旨在引导幼儿读准字词，在领略绕口令独特魅力的同时，提高口语发音水平和质量。

活动目标

（1）感受绕口令的节奏和韵律，体验念绕口令的乐趣。

（2）能借助图谱较完整、清楚地运用多种形式朗读。

（3）初步了解绕口令的特点，学习绕口令。

活动准备

绕口令图谱（将绕口令中的"很多人""上楼""下楼""晕头"用相应的图示代替），三个节奏快慢不同的背景音乐。

活动过程

1.倾听教师快速朗读，初步感知绕口令的特点和内容

教师快速朗读绕口令后，提问：这首儿歌和平时大家接触的儿歌有什

么不一样?

小结:这首绕口令里有许多叠词,有一些发音相同、相近的字,要又快又清楚地念出来。

2. 欣赏学习绕口令,理解绕口令内容

(1)倾听教师放慢速度念绕口令。

(2)提问:你们刚才在绕口令里听到了什么?(根据幼儿的回答依次出示图谱)

(3)引导幼儿观察图谱,集体念读绕口令。

3. 借助图谱,尝试结伴念绕口令

(1)幼儿结伴看图谱念读,教师巡回指导。

(2)提问:你读的时候哪里比较难呢?你觉得用什么方法可以念得又快又好?(提炼幼儿的方法,并引导幼儿针对难点进行练习)

4. 用多种游戏方法练习,进一步熟悉绕口令

(1)幼儿从椅子下面拿出图谱,找朋友结伴练习。

(2)和着节拍接龙朗读。

(3)"快嘴大挑战":提供三个节奏快慢不同的背景音乐,引导幼儿分小组自选其中一种背景音乐和着节奏朗读,鼓励幼儿挑战不看图谱大声朗读。

5. 教师小结,结束活动

指导语:原来念绕口令的时候开始稍慢,用打节拍、多念的方法就可以念得又快又清楚了。

附:绕口令

上楼下楼

有一座高楼,很多人上楼,很多人下楼,

楼上的人下楼,楼下的人上楼,

有的上楼不下楼,有的下楼不上楼,

有的上楼又下楼,有的下楼又上楼,

上上下下,下下上上,简直忙晕了头。

专家评析

本次活动，教师打破了传统的"示范朗读—多遍练习"的绕口令学习模式，创新采用了"示范朗诵—看图谱朗诵—游戏练习"的方式来组织，在游戏中逐步解决、突破幼儿学习绕口令的难点，让幼儿在愉快的氛围中轻松地熟悉了绕口令。其中，图谱的出示使拗口的绕口令变得直观可视，能有效地帮助幼儿理解绕口令的内容；运用多种游戏方法引导幼儿练习，能帮助幼儿进一步熟悉绕口令。比如看图谱结伴朗诵，充分地发挥了同伴榜样学习的作用；现场用手、脚、乐器击打节奏，可以帮助幼儿理解和把握儿歌的韵律特点；"快嘴大挑战"提供三个节奏快慢不同的背景音乐，引导幼儿自主选择，激发了幼儿学习的兴趣。就这样在游戏情境中，幼儿主动、轻松、愉快地多角度感受、理解作品，自然地习得学习方法。

29. 花园里有什么（散文）

设计意图

在孩子们的世界里，周围的一切和他们一样有着人的灵魂。《花园里有什么》这篇散文借用幼儿的眼光来感知花园，有着浓浓的诗意美。中班幼儿的语言表达已经相对完整，但语言的丰富性有待提高，幼儿能说出看到了什么，但缺少描述事物的能力。本活动从幼儿的经验出发，借助散文的表现方式，引导幼儿说说自己在花园里的发现。

活动目标

（1）感受散文所表现的大自然的美，喜欢亲近大自然。

（2）能用较丰富而完整的语言描述自己的见闻。

（3）借助已有生活经验寻找花园里的秘密，尝试用散文的句子表达自己的发现。

活动准备

音乐，自制《花园里有什么》大书，关键句字卡"花园里有什么""看得见""看不见""还有"。

活动过程

1. 观看大书并用丰富的词语说一说花园里看得到的

教师出示大书，提问：图画中有什么？这可能是什么地方？花园里到底有什么？（幼儿回答，教师根据幼儿的回答朗诵散文的相关内容）

2. 继续阅读大书，找找花园里看不到的

（1）提问：花园里还有些东西看不到藏起来了；还有些东西有时看得见，有时看不见。它们是什么呢？会是怎样的呢？（引导幼儿自由讨论，并鼓励幼儿大胆表达自己的想法）

（2）教师朗读诗歌："花园里，看不到的是……它们就是嫩嫩的绿芽、漂亮的花和快要长出来的小树。"

（3）提问：花园里还有一些东西是真的看不到的，但是如果用心去感觉还是能够发现它们，会是什么呢？（鼓励幼儿把自己的想法编到散文中）

（4）小结：花园里的小可爱真不少呢！嘘！可别吵醒了花园里看得见、看不见的小可爱们。

3. 集体欣赏教师的配乐朗诵

教师边翻大书边跟随音乐有感情地朗读散文1～2遍，幼儿集体欣赏。

指导语：这篇散文就在这本书里，书中还告诉了我们许多花园里看得见、看不见的东西，让我们一起听听吧！

4. 教师随机选择段落朗读，幼儿小组阅读并找到相应的画面

5. 集体表演散文《花园里有什么》

幼儿自由选择想要表演的部分进行表演。

附：改编的散文

花园里有什么

猜猜看！花园里，看得到的是什么，看不到的是什么？

不用猜，我知道。花园里看得到的是丁香花、酢浆草、金盏菊，以

及小小的椰子树。

还有……还有……哎呀！太多了，我说不完啦！

花园里看不到的是花草的清香，凉凉的微风。还有呢？还有……还有……哎呀！我不知道啦！我没看见，怎么会知道呢？

翻开土地来看一看！里头有什么东西？哇！这是树的根，这是草的根，这是还在睡觉的小蝉，这是蚯蚓挖的隧道，这是小蚂蚁的家，这是小蚂蚁的蛋。还有……还有多得说不完的东西……

有一些东西，有时看得到，有时看不到，你知道那是什么吗？

像藏在树叶下面的毛毛虫，藏在草丛里的蚱蜢，以及停在花朵上面的小蝴蝶……只要它们不动，你就很难看到。因为树叶是小虫的隐身衣，因为草是蚱蜢的隐身衣，因为花是蝴蝶的隐身衣，因为……穿上隐身衣它们就好像不见了。

还有一些东西，它们躲在树干里，躲在花苞里，躲在种子里。不出来，你是看不到的。

它们是什么？它们就是嫩嫩的绿芽、漂亮的花和快要长出来的小树。

不过，有些东西是真的看不见的，要用耳朵才听得见，要用鼻子才闻得到。那是小虫铃铃的叫声，那是花草淡淡的香味。

还有些东西，是用鼻子也闻不出来，用耳朵也听不到的。那是空气，以及树叶从耳朵旁边划过去时那种痒痒的感觉。

"嘘——"小声点，不要吓跑了花园里各种看得到、看不到的小可爱。

【改编自：洪志明.花园里有什么[M].南京：南京师范大学出版社，2004】

专家评析

考虑到中班幼儿的认知水平特点，教师将散文进行了改编、删减，更易于幼儿理解与表达。在活动组织过程中，教师通过引导幼儿自主观看大书，提供给幼儿散文的语言格式，鼓励幼儿结合自身经验大胆表达。当幼儿

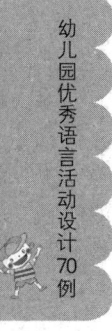

遇到表达"瓶颈"时，教师通过表情和动作的有效预设，引导幼儿大胆想象，并在每次幼儿表达后，鼓励他们将自己的想法编入散文，体验成功的乐趣。随后，教师诗意般的朗诵将活动推向了高潮，让幼儿感受到浓浓的诗意。最后的画面寻找和表演活动，则进一步增强了幼儿对散文的理解。

30. 秋叶的舞会（散文）

设计意图

秋天到了，对于幼儿来说不仅仅有金黄色的世界、秋菊的芳香，更有许多树叶宝宝开始挣脱大树妈妈的怀抱，飘飘扬扬地飞落下来。《秋叶的舞会》是一首优美、动听的散文，以拟人的手法描写了树叶宝宝、大树叶、树叶魔术师之间的一段富有童趣的对话，烘托出秋叶飘落的美景。中班幼儿对美的事物有一定的感受力，因此本活动旨在引导幼儿仔细观察画面，感受秋天落叶漫天的美的意境，用自己的方式大胆想象、表达。

活动目标

（1）仔细观察画面，感受秋叶的美。

（2）大胆想象和表达故事内容。

（3）尝试运用拓印的方法来帮助秋叶，体验帮助他人的快乐。

活动准备

秋叶若干，颜料，毛笔，背景画轴，教学PPT，音乐。

活动过程

1. 谈话导入

提问：现在是什么季节？我们周围有什么变化？

小结：秋天到了，天气变凉了，树叶也从树上飘落了下来。

2. 欣赏PPT，猜测故事内容

（1）教师朗读"秋风呼呼地吹着……树叶爸爸和树叶妈妈带着树叶宝宝也去参加舞会了"，提问：树叶们聚在一起，他们可能在说些什么？

（2）教师继续朗读，组织幼儿讨论：听，好像有谁在哭？为什么哭呀？你们有什么好办法吗？

（3）指导语：看，树叶魔术师来了，他变变变，变出了漂亮的新衣服，真厉害！他会变出什么样的衣服呢？（引导幼儿用完整的语言描述衣服的样子）

（4）操作游戏：帮助秋叶换新衣。

幼儿自选颜色给秋叶涂色、拓印，教师巡回指导。

提问：在我们的帮助下，秋叶宝宝们能开开心心地去参加舞会了。看见他们那么开心，你有什么感受呢？

3. 完整欣赏教师的配乐朗诵

教师配乐朗诵散文，幼儿完整欣赏。

4. 自选角色表演散文

幼儿自选角色，教师播放音乐引导幼儿分角色朗读，重点引导幼儿说出角色对话。

5. 师幼跟着音乐一起快乐地跳舞

小结：得到帮助的秋叶心里是那么地快乐，帮助秋叶的我们也是那么地快乐！我们要将快乐一直延续下去，让我们身边充满快乐。小树叶去参加舞会了，我们也去参加舞会吧！

附：散文

秋叶的舞会

秋风呼呼地吹着，树叶纷纷从树上飘落下来，赶着去参加一场舞会。

小树叶说："我要去参加舞会。"大树叶说："那我们一起去吧。"

瞧，树叶爸爸和树叶妈妈带着树叶宝宝也去参加舞会了。

"呜呜，我们没有漂亮的衣服，怎么去参加舞会呢？"还有一些小树叶也想去参加舞会，可他们身上的衣服又破又旧。他们心里难过极了。

正在这时，树叶魔术师来了，他说："别着急，别担心，我会变出新衣服。"变！变！变！树叶魔术师变出了漂亮的新衣服。

小树叶们终于可以穿上漂亮的新衣服去参加舞会啦！他们在一起跳呀跳，转呀转，玩得真高兴！

专家评析

《秋叶的舞会》从幼儿的视角和想象出发，描述了一个动人、优美的故事，内容短小，语言优美而富有童趣。

整个活动环节清晰，层层递进。首先，教师从季节入手引出秋叶，引发幼儿的联想，呈现问题；其次，在欣赏与讨论中培养幼儿的文学欣赏能力，鼓励幼儿积极主动地思考；最后，激活情感，激发幼儿操作的兴趣，帮助幼儿从中体会快乐和愉悦。活动中，教师能充分地调动幼儿的多种感官多通道参与，如看画面背景、听声音、涂颜色、自选角色表演等，让幼儿在观察秋叶中感受秋叶的美，在帮助秋叶的过程中感受到快乐。同时，教师能引导幼儿想象、观察、操作，体现了文学和音乐、文学和美术的整合。

31. 家（诗歌）

设计意图

家是幼儿最为熟悉的地方，家是我们心灵的港湾，每个人都应当爱自己的家。但是，这种感情是需要培养的，而且这种培养应当从小的时候开始。《家》这首诗歌温馨、优美，从一个全新的角度来概括事物的依属关系。这首诗歌文字形象，巧妙地运用了叠音，读起来朗朗上口，充满了欢快流畅的情绪，易于幼儿感知、学习。本活动旨在引导幼儿在理解诗歌的基础上，积极参与仿编活动，体验仿编诗歌的成就感，进一步体会家的温馨与美好。

活动目标

（1）喜欢诗歌的优美意境，体会家的温馨与美好。

（2）能完整地、有感情地朗诵诗歌。

（3）在理解诗歌的基础上，积极参与仿编活动，体验仿编诗歌的成就感。

活动准备

诗歌背景图，白云、小鸟、鱼儿、蝴蝶的图片。

活动过程

1. 观察背景图，操作图片

（1）教师出示背景图，提问：上面有些什么？你喜欢这个地方吗？你觉得还有谁会喜欢这个地方？（"蝴蝶、蜜蜂、小鸟等动物喜欢这个地方"）

（2）请幼儿拿出小图片跟着老师一起跳舞欢迎这些小动物，并为它们找到"家"。

指导语：我们跳舞跳累了需要休息一下，小客人们也跳累了，它们想回家了。请你们看看我们的大图片，这上面哪个地方可能是小客人的家呢？

（3）在音乐声中，幼儿将小图片贴在背景图上。

（4）请幼儿说出找家的理由，教师用诗句总结：蓝蓝的天空是白云的家……

2. 通过看图学习诗歌，教师指导

（1）幼儿边看图边学习诗歌前四句。

（2）提问：小朋友的家在哪里呢？我们有一个共同的家是什么地方？（请幼儿自由表达，教师完整朗诵诗歌）

3. 随音乐朗诵诗歌

（1）教师操作图片，鼓励幼儿与老师一起朗诵诗歌。

（2）引导幼儿用好听的声音朗诵。

提问：你觉得自己读得怎么样？你觉得应该用什么样的声音来朗读？

（3）引导幼儿配乐有感情地朗诵诗歌。

4. 进行诗歌仿编

（1）提问：蓝蓝的天空\绿绿的大树\弯弯的小河\红红的花朵还可以

是谁的家？

（2）教师带领幼儿一起完整朗诵仿编的诗歌内容。

附：诗歌
家 蓝蓝的天空是白云的家， 绿绿的大树是小鸟的家， 弯弯的小河是鱼儿的家， 红红的花朵是蝴蝶的家， 快乐的幼儿园是小朋友的家。

专家评析

《家》这首诗歌语言朴实、浅显易懂，语言格式对仗，诗中大胆的想象一下子调动起幼儿亲切的感觉，帮助他们从全新的视角想象周围的世界。结尾处用一句"快乐的幼儿园是小朋友的家"将幼儿从想象拉回到现实，更贴切地联想到自己，给幼儿以有趣、有余蕴的感觉，非常适合中班幼儿学习。

《幼儿园教育指导纲要（试行）》（简称《纲要》）指出："引导幼儿接触文学作品，使之感受语言的丰富和优美，并通过多种活动帮助幼儿加深对作品的理解。"本次活动设计突破了传统的诗歌教学方法，采用了观察法、游戏法、直观演示法等多种教学方法，综合了语言、游戏、操作探索等活动进而优化教学过程。欣赏、理解诗歌部分，教师采用了观察、讨论、和图片跳舞、贴图片、看图学习诗歌等策略引导幼儿更好地记忆诗歌内容，为表达、表现打下基础。表达表现部分，教师则采用了随音乐朗诵、创编诗歌的方式进行。整个活动完整、流畅，注重幼儿的自主学习和自由表达，给予幼儿美的享受。

32. 捉迷藏（诗歌）

设计意图

每当玩"捉迷藏"的游戏时，幼儿总是那么地兴奋、乐此不疲。诗歌《捉迷藏》运用拟人的手法，将黑夜、太阳、颜色等比拟成一群可爱的娃娃，以轻松、明快的笔调描述了太阳被黑夜蒙住眼睛和各种颜色玩捉迷藏游戏的全过程。诗歌结构简单，游戏性、趣味性强，非常符合中班幼儿的年龄特点和认知水平。本活动围绕"捉迷藏"这一主题展开，重点引导幼儿感受诗歌语言的优美，并根据自己的生活经验大胆想象，仿编诗歌中的句式。

活动目标

（1）感受诗歌静谧、有趣的意境。

（2）感受和理解诗歌内容，初步尝试用诗歌的结构仿编"××色躲在……里"的句式。

（3）学习用好听的声音朗诵诗歌，并在活动中大胆地用语言表达。

活动准备

（1）知识经验：幼儿玩过捉迷藏的游戏。

（2）物质材料：课件，背景图，不同颜色（绿色、黄色、白色、蓝色、红色）的卡片每人一张。

活动过程

1. 了解"捉迷藏"的游戏情境

（1）教师出示颜色宝宝卡片和背景图，朗读诗歌前几句，引出游戏情境。

指导语：黑夜用长长的手帕，把太阳的眼睛遮住了，趁着他还在数着一二三四五六七八……颜色宝宝们赶紧找一个自己喜欢的地方静悄悄地躲起来。

（2）引导幼儿在背景图上找颜色宝宝。

提问：你找的是什么颜色宝宝？××颜色宝宝躲在哪里（教师用诗歌中的语言梳理、总结）

2. 完整欣赏诗歌，感受诗歌意境

（1）播放课件，教师完整朗诵诗歌，幼儿倾听。

（2）提问：诗歌里说太阳和颜色宝宝们在玩捉迷藏的游戏，颜色宝宝们是怎样躲起来的呀？你发现了什么秘密？

3. 学习朗诵诗歌

（1）指导语：这首诗歌可真好听，把颜色宝宝和太阳说成是一群可爱的小朋友在玩捉迷藏，小朋友也跟着老师一起来用好听的声音朗诵这首诗歌吧！

（2）提问：你最喜欢哪一句？请你用好听的声音读出来。

4. 仿编诗歌"××色躲在……里"，完整表达仿编内容

（1）引导幼儿编出"××色躲在……里"的句子。

指导语：刚才我们和很多颜色宝宝一起玩了捉迷藏的游戏，那这些颜色宝宝还可以躲到哪些地方呢？

（2）教师将幼儿编出的新诗句串联起来，与幼儿共同编出一首新的诗歌。

附：诗歌

捉 迷 藏

黑夜用长长的手帕，把太阳的眼睛遮住了，

趁着他还在数着一二三四五六七八……

颜色宝宝们赶紧找一个自己喜欢的地方静悄悄地躲起来。

绿色太多了挤不下，有的躲在树叶里，有的躲在小草里。

黄色躲在菊花里，白色躲在云朵里，蓝色躲在天空里，红色躲在玫瑰里。

大家都躲好了，黑夜把手帕解开，太阳睁开眼睛，一下子就把他们全部都找到了！

（http://www.hyedu.com/oblog/u/35089/archives/2010/18772.html）

专家评析

本次活动最大的特色就是为幼儿创设了生动而有趣的游戏情境和优美而宽松的语言环境。活动中,教师运用多媒体课件,以文字、声音、图画三结合的方式,让幼儿进入到静谧的夜晚情境,在游戏中学习诗歌内容。教师通过声情并茂的示范朗诵,带给幼儿美的感受和熏陶;通过邀请幼儿朗诵最美的诗句,加深了幼儿对作品的情感体验。活动最后,教师通过替换的方式,降低了仿编诗歌的难度,有效地支持了幼儿的学习。幼儿在集体面前朗诵自己仿编的诗歌内容,不仅体验到了语言的美,也感受着成功的愉悦。

33. 小兔子开铺子(儿歌)

设计意图

《小兔子开铺子》是一首童话色彩极强,富有童趣的儿歌。儿歌整体节奏明快,画面感、情节性极强,在每句末尾都以"子"字押韵,读来朗朗上口。而且儿歌的句子是根据物体的数量的多少进行有序排列的,便于幼儿记忆,期间量词不断变化,有助于丰富中班幼儿的词汇。

活动目标

(1)感受儿歌的韵律和节奏美,体验与同伴共同朗读儿歌的乐趣。

(2)能正确使用量词"张""把""双""个""顶"。

(3)学习有节奏地朗诵和表演儿歌。

活动准备

(1)知识经验:幼儿玩过击鼓传花的游戏。

(2)物质材料:小兔、小猴手偶各一个,铃鼓一个,响板人手一个,儿歌中提及的物品图片一份,图谱(将儿歌中的小兔子、铺子、桌子、椅子、袜子、瓶子、帽子、猴子文字用相应的图示替换）。

活动过程

1. 教师操作小兔子手偶，导入活动

指导语：小朋友看一看，谁来了？

2. 玩"击鼓传花"游戏并初步学习儿歌

（1）以"击鼓传花"游戏帮助幼儿熟悉儿歌的前半部分。

将"商品"用布遮盖，教师带幼儿玩"击鼓传花"游戏，要求谁拿到花谁就上去看一看，并引导幼儿用完整的句子说说铺子里有什么、有多少。

（2）以"什么不见了"游戏帮助幼儿熟悉儿歌的后半部分。

指导语：小猴子来买东西了，他买了什么？小猴子要先请你们把眼睛藏起来。（教师利用小猴子手偶将铺子里的物品逐一买走，通过提问继续引导幼儿用完整的语句说出小猴子买走的物品）

3. 看图谱进一步理解儿歌内容

（1）教师完整地朗诵儿歌。

（2）通过提问以及出示图谱的方式，引导幼儿学习正确使用儿歌中的量词。

4. 学念儿歌

（1）幼儿与教师边看图谱边朗诵儿歌，并用动作、表情表现儿歌。

（2）引导幼儿通过接龙的游戏，进一步学念儿歌。

（3）教师出示响板，引导幼儿有节奏地朗诵和表演儿歌。

5. 拓展迁移

教师提出问题，引导幼儿进行拓展迁移。

指导语：如果你是小兔子，你想在你的铺子里卖什么商品呢？

附：儿歌

小兔子开铺子

小兔子，开铺子，

一张小桌子，两把小椅子，

三双小袜子，四个小瓶子，五顶小帽子。

> 来了一群小猴子,
> 买走了一张小桌子,两把小椅子。
> 三双小袜子,四个小瓶子,五顶小帽子,
> 小兔子的东西卖完了,明天再来开铺子。

专家评析

儿歌中小兔子、小猴子的可爱形象以及桌子、椅子、袜子等物品都是幼儿日常生活中所熟悉的,儿歌通过买东西的形式,展现了一幅富有动感且具有浓浓生活情趣的画面。

活动中,教师创设了"小兔子开铺子"的生活情境导入,以"击鼓传花""什么不见了"游戏帮助幼儿熟悉儿歌内容,有效地解决了量词这一教学难点。其后,运用图谱帮助幼儿更好地熟悉儿歌内容,引导幼儿有效地学习。接下来,通过接龙、乐器伴奏等方式,鼓励幼儿脱离图谱朗读表演,层层递进带领幼儿饶有兴致地练习,让幼儿从中收获成功的喜悦和快乐。最后环节,教师巧妙设问再次充分调动幼儿已有的生活经验进行拓展迁移,可谓是"源于生活,用于生活"。

34. 巴喳——巴喳(儿歌)

设计意图

生活中各种各样的声音无处不在,有鸟叫声、雷鸣声、树叶的沙沙声、琴儿的叮咚声……这些声音都会引起幼儿的好奇和探索,而幼儿语言能力的发展又是以倾听为基点的。《巴喳——巴喳》这首儿歌通过摹声和动作的描绘,塑造了一些小动物的形象。整首儿歌节奏感强,富有音乐性,能够唤起幼儿有关声音的经验,在积极思维的同时进入诗歌独特的意境之中。

活动目标

（1）学习、理解儿歌内容，感受小动物被陌生人打扰后紧张不安的心理。

（2）能将象声词与相应的动物进行匹配，并在有趣的游戏中理解窜、溜、盯等动词。

（3）懂得人与动物应该和谐相处，知道人类不可以随意打扰动物的生活。

活动准备

森林背景图，象声词替代符号（〇〇、△△、§§、～～），动物的声音音效，可移动的动物图片、皮靴、脚印、黑色的侧面人物剪影图示各一张，幼儿人手一个动物胸饰，音乐，立体的树、草丛等场景。

活动过程

1. 谈话导入，激发兴趣

指导语：森林的早晨多美呀！在这美丽的森林里会住着谁呢？

2. 听声音猜动物

（1）播放啄木鸟啄树时的声音音效，幼儿猜测后把啄木鸟图片贴到树干上。师幼一起学习象声词"笃笃"，并出示符号"〇〇"。

（2）继续引导幼儿结合身体动作及声音音效来学习象声词，并认识相应的替代符号：吱吱（松鼠叫声，出示符号"△△"）、蹦蹦（兔跳声，出示符号"§§"）、沙沙（蛇游动的声音，出示符号"～～"）。

（3）玩匹配游戏。

游戏1：教师指认动物，幼儿看图片模仿声音。

游戏2：教师指认象声词符号，幼儿说出动物名称并用动作表演小动物。

3. 学习儿歌

（1）教师依次播放皮靴走路的声音，出示陌生人的剪影和皮靴、脚印的图示，引导幼儿理解儿歌情境。

提问：听到了什么声音？谁来了？小动物们听到这声音感觉怎么样？会怎么做呢？

（2）结合动作表演朗诵，引导幼儿欣赏儿歌。

（3）引导幼儿带着问题，再次欣赏儿歌。

提问：儿歌最后两句是怎么说的？为什么它们要蹲在看不见的地方，眼睛还要"盯"着"巴喳——巴喳"？

4．跟着录音轻轻朗读

以接龙的方式鼓励幼儿朗诵儿歌，记忆儿歌中的动词与动物所躲藏的位置。

5．完整朗读儿歌

指导语：现在，我们一起用好听的声音来读一读这首儿歌吧！

6．表演游戏

幼儿自选胸饰（啄木鸟、蛇、野兔、松鼠），教师扮演穿皮靴的陌生人，在布置好的森林场景中，师幼一起边朗诵边表演。连续游戏两次。

附：儿歌

巴喳——巴喳

穿上大皮靴，走在林子里。

巴喳——巴喳——

"笃笃"听见了，一下飞到树枝上。

"蹦蹦"听见了，一下跳到草丛中。

"吱吱"听见了，一下窜到松树上。

"沙沙"听见了，一下溜到黑洞中。

它们全都蹲在看不见的地方，

盯着"巴喳——巴喳——"越走越远。

专家评析

《巴喳——巴喳》是英国作家里弗茨写的一首非常有名的儿歌，作家巧妙地为大家勾画了一幅森林静谧安详的气氛被人类打扰后，动物们紧张不安的场景，同时借助有趣的象声词和形象的动词，把不同动物的表现描绘得淋漓尽致。儿歌中没有半个字的说教，却让幼儿在享受语言美的同时，体会到人与自然、人与动物之间的和谐相处是多么可贵，人类应该尊

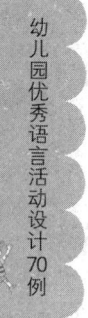

重动物，尊重自然界中每一个生命。

活动中，教师首先引导幼儿根据已有的声音经验猜测动物并联想、模仿动物的叫声，再根据已有的知识经验想象动物躲藏时的动作和地方，并用符号记录，这对幼儿的思维和语言组织能力都是一个考验；其次，匹配游戏操作设计突破了本次活动的难点，多媒体技术的运用让动物的躲藏动态化、动词生动化，让幼儿理解深刻；最后，教师为幼儿创造了一个充分表达、表现的机会，引导幼儿运用多种形式朗读、表现作品，如接龙朗诵、表演、游戏等。

35. 虎大王照相（儿歌）

设计意图

《虎大王照相》这首儿歌结构简单，内容浅显易懂，儿歌中威风凛凛的虎大王形象和备受惊吓的小猫、小兔、大鹅、小鸟形象形成了鲜明的对比，深受中班幼儿的喜爱。本活动旨在引导幼儿根据问题与图片提供的线索学习儿歌，并根据儿歌的结构形式，大胆地想象仿编，感受作品的节奏美和情节的趣味性。

活动目标

（1）感受作品的节奏美和情节的趣味性。

（2）能根据问题与图片提供的线索学习儿歌。

（3）能根据儿歌的结构形式，大胆地想象仿编。

活动准备

照相机，小动物的图片，森林背景图（大树、树洞、小河、蓝天）。

活动过程

1. 出示照相机，引起兴趣

指导语：这是什么？你们拍过照片吗？今天，虎大王端着照相机也来了。那它到底要给谁拍呢？（依次出示小动物图片）

2. 欣赏和学习儿歌内容

（1）教师出示背景图，边念儿歌边操作动物图片。比如，当念到"要给小猫照，小猫吓得上树了"，将小猫的图片藏到树上。

（2）提问：儿歌里有哪些小动物？发生了一件什么事？结果怎样呢？（引导幼儿用儿歌语言回答教师的提问，学习儿歌内容）

（3）教师带领幼儿一起朗诵儿歌，并鼓励幼儿边念儿歌边配上合适的动作。

指导语：为什么它们见到虎大王给它们照相，都被吓走了呢？我们应该用什么样的声音来念呢？

3. 扮演自己喜欢的角色，边表演边朗读儿歌

指导语：儿歌中你最喜欢谁？为什么？（鼓励幼儿说出理由，并引导幼儿一边朗读一边为角色配上动作）

4. 边拍手边朗读儿歌，体会儿歌的节奏和韵律

指导语：这首儿歌要怎样读才能读得好听呢？

5. 根据自己喜欢的小动物，尝试仿编儿歌

（1）指导语：虎大王还要给哪些小动物照相，动物会怎样呢？（引导幼儿用"要给××照，××吓得……了"的句式进行仿编）

（2）教师引导幼儿表演新编的儿歌。

附：儿歌

虎大王照相

大老虎，山中王，端着相机去照相。

要给小猫照，小猫吓得上树了。

要给小兔照，小兔吓得钻洞了。

要给大鹅照，大鹅吓得跳河了。

要给小鸟照，小鸟吓得上天了。

东奔西跑到处照，最后啥也没照到。

（冯幽君）

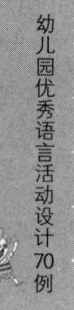

专家评析

《虎大王照相》是一个节奏感、韵律感很强,情节有趣,语言诙谐幽默且幼儿乐意模仿和表演的作品。

在第一环节,教师依次出示小动物图片,为幼儿之后的儿歌学习奠定了基础。之后,教师采取边操作边欣赏儿歌的方式,引导幼儿理解、想象、表达和表演。在这个过程中,幼儿既能以角色身份去体验小动物的感受、行为动作,用儿歌语言去表达和表演,又能大胆地想象推测儿歌的情节内容。在幼儿熟悉儿歌内容后,教师抓住"中班幼儿很容易融入到角色情境中"这一特点引导幼儿自选喜欢的角色表演,拍手朗读儿歌。因此,整个活动过程是积极有趣的。

36. 我妈妈(早期阅读)

设计意图

每一个孩子心中的妈妈都是最好的。绘本《我妈妈》以孩子的视角,通过简单朴实的语言和精心设计的排比句式,有力地陈列了妈妈日常的辛劳,描绘了孩子对妈妈的热爱和崇拜,流露出浓浓的亲情。

现在的孩子大都是独生子女,长期的生活习惯使他们只会接受爱,却不知道如何给予爱,不知道去感恩身边的人,特别是自己的妈妈。他们不能更深层次地理解妈妈的辛苦,不知道妈妈是如何爱自己的。绘本《我妈妈》是一个很好的载体,本活动通过引导幼儿观察并理解图片所表达的内容,进一步引发幼儿对妈妈的关注,激发幼儿爱自己妈妈的情感。

活动目标

(1)进一步引发对妈妈的关注,激发爱自己妈妈的情感。

(2)能用较完整的语言在集体面前大胆地表达自己的想法。

（3）观察、理解图片所表达的内容。

活动准备

大书PPT，幼儿妈妈的照片。

活动过程

1. 观看妈妈的照片，导入活动

指导语：每个小朋友都有自己的妈妈。瞧！她们来到了这里。（出示幼儿的妈妈的照片）

提问：你最喜欢妈妈什么？照片中你的妈妈在做什么？你最喜欢妈妈做什么事情？

2. 欣赏、阅读绘本，引发讨论

（1）教师出示图书《我妈妈》，引导幼儿阅读封面。

提问：看了封面，你觉得这是一个什么样的妈妈？

指导语：让我们一起来了解一下这是个什么样的妈妈。

（2）翻阅厨师、唱歌、跳舞的图片。

提问：你觉得这是一个什么样的妈妈？这个妈妈还有什么本领？

提问：你们的妈妈有什么让你很爱她的本领？

小结：每个妈妈都有许多本领，这些本领让我们越来越喜欢她。

（3）阅读蝴蝶、沙发、猫和狮子的图片。

①带领幼儿欣赏蝴蝶的图片，提问：宝宝爱妈妈的理由不止那些呢。看了这张图片，你知道宝宝为什么爱妈妈吗？

②带领幼儿欣赏沙发的图片，提问：妈妈在哪儿？你怎么知道这个沙发就表示妈妈？这也是宝宝爱上妈妈的理由，知道是什么理由吗？

③带领幼儿欣赏猫、狮子的图片，提问：看了这两张图，你觉得妈妈为什么可爱？你的妈妈有没有像狮子的时候？什么时候又会很温柔呢？

提问：宝宝和妈妈之间有个秘密，你们想知道是什么秘密吗？

3. 集体配乐阅读，感知绘本

指导语：你们喜欢这本书吗？我们一起来读读。

4. 讨论：你有什么悄悄话想对妈妈说

教师播放音乐，引导幼儿大胆表达。

小结：原来，妈妈深深地爱着我们，我们也深深地爱着她们。请大声地告诉妈妈："妈妈，我爱你。"

 **专家评析**

《我妈妈》这本图书内容有趣，充满了神奇的想象，语言以散文的方式呈现，很优美。导入环节，教师充分利用幼儿带来的妈妈的照片，引导幼儿介绍自己的妈妈，说说自己喜欢妈妈什么，激发了幼儿谈话的兴趣，为其后的阅读打下伏笔。在阅读封面中引导幼儿主动观察妈妈的形象，结合自身的生活经验推测一下绘本主人公是一个怎样的妈妈。其后，分段赏析绘本过程中，教师通过多种形式的提问引导幼儿观察、理解画面内容，了解到妈妈的本领和宝宝爱上妈妈的理由，不断地引导幼儿与文本对话，与教师对话。教师的配乐朗读能给幼儿传递语言美和情感美，让幼儿在欣赏语言的同时进一步感受母子情深。最后，教师引导幼儿将自己想对妈妈说的悄悄话大声说出来，为幼儿提供了自由表达的机会，配着抒情的音乐，营造出一种浓浓的爱的氛围。

37. 鼠小弟的小背心（早期阅读）

设计意图

中班幼儿的学习兴趣不断增强，思维正逐步从具体形象向抽象逻辑过渡，语言理解、表达能力有了较明显的提高，语言表达形式开始出现多样化、个性化特征。在社会情感认知方面，他们对情绪变化有一定的认识，但在尝试调节情绪以及通过换位思考学习理解别人情绪等方面有待加强。《鼠小弟的小背心》这一绘本情节简单但语言生动，幼儿通过自主阅读这个故事，可以了解到故事情节的发展，理解动物们穿上小背心的感受，尝试用不同的语气语调模仿不同动物来借小背心的对话，从中体会朋友们之间分享的快乐，懂得很多时候坏事可以变成好事。

活动目标

（1）尝试通过自主阅读理解动物们穿上小背心的感受，尝试分析、总结小背心变化的原因。

（2）能大胆推测故事情节的发展，并能用不同的语气语调模仿不同动物来借小背心的对话。

（3）体会朋友们之间分享的快乐，懂得很多时候坏事可以变成好事。

活动准备

多媒体课件，红色毛线小背心，背景音乐。

活动过程

1. 观看绘本封面和第15页，产生阅读兴趣

（1）引导幼儿观看封面，提问：你们看到了什么？鼠小弟的小背心合身吗？鼠小弟穿着妈妈织的合身小背心，心里觉得怎么样？从哪里可以看出来？

（2）引导幼儿观看绘本第15页，提问：发生什么事了？为什么鼠小弟的小背心会变成这样呢？

2. 自主阅读绘本1-15页，初步理解、讲述故事内容，感受故事的幽默

（1）教师交代阅读要求：要逐页翻看图书，阅读姿势要正确，阅读时要保持安静。

（2）幼儿自主阅读，教师巡回指导，适时提问：你读到了什么？有什么读不懂的地方吗？

（3）鼓励幼儿在集体中交流阅读的感受，讲述自己读到的故事内容。

重点：引导幼儿猜测故事角色语言和心理感受，并用较完整的语言表达。

3. 讨论分析，进一步理解故事内容，体会主人公的大方

（1）引导幼儿分析小背心变化的原因：为什么鼠小弟的小背心会变成后来的样子？动物们穿上小背心后都有什么感觉？为什么会觉得有点紧呢？（引导幼儿通过对比分析、试穿小背心等，感受小背心变化的原因，发现、总结故事的逻辑线索）

小结：动物们的身体一个比一个高，一个比一个大，会伸缩的小背心

被撑得越来越大，就变成后来的样子了。

（2）引导幼儿体会主人公的大方：你觉得这是一只怎样的鼠小弟？为什么？

4. 推理、讲述故事结尾，体会朋友们对鼠小弟情绪的关注，并尝试迁移

（1）播放忧伤的音乐，指着被撑大的小背心，提问：鼠小弟看着变成这个样子的小背心，心里是怎么想的？从哪里可以看出来？那有什么好办法帮助他呢？（引导幼儿大胆想象、讲述故事结尾）

（2）请幼儿集体阅读封底，提问：朋友们想了什么好办法帮助鼠小弟？撑大了的小背心还可以变成什么呢？

（3）移情体验：请小朋友为鼠小弟想办法，看看撑大了的小背心还可以用来做什么并讲述出来。

附：故事梗概

鼠小弟的小背心

鼠小弟的妈妈送给他一件漂亮的红色背心，可爱又善良的鼠小弟把它借给鸭子、猴子等动物穿。"有点紧，不过还挺好看吧？"试穿的动物一个比一个大，每一个动物都是同样的感觉。当鼠小弟再次回来时，看到大象正穿着自己的小背心。鼠小弟有些难过，因为自己的小背心变成了另一个模样，再也不能穿了，这可是妈妈送给自己的。

故事到这里，大家是否以为结束了，呵呵，翻过一页，奇迹发生了。笑容重新回到了鼠小弟的脸上——大象用鼻子勾住背心的两个口，鼠小弟正在上面快乐地荡秋千呢！

【中江嘉男.鼠小弟的小背心［M］.赵静，文纪子，译.海口：南海出版社，2010】

 **专家评析**

《鼠小弟的小背心》图画书中的动物形象特征鲜明、充满童趣，角色语言对话简单重复，可以让读者一边读一边推测故事的结局，非常适合中班幼儿阅读。

活动中，教师引导幼儿观察封面和第15页画面感受到小背心的前后变化，并用提问的方式启发幼儿推测故事情节的发展，激发幼儿阅读的兴趣。幼儿自主阅读后，教师通过巡回观察，视情提问——"你读到了什么？有什么读不懂的地方吗"，引导幼儿对阅读中的难点和重点展开讨论，尝试用动作、声音表达、表现不同动物穿上小背心后的情绪、心理变化，为幼儿创设了充分的"想说、敢说、有机会说"的语言环境。之后，背景音乐的铺垫将情节、情感推向高潮，教师鼓励幼儿大胆想象、讲述故事结尾。最后，教师带领幼儿共同阅读封底，并充分利用现代媒体引导幼儿续编结尾，进行移情体验。整个活动流畅，幼儿参与的积极性非常高。

38. 小蛇散步（早期阅读）

设计意图

绘本《小蛇散步》以诙谐幽默的语言和独特的绘画风格描述了一条色彩斑斓、热心助人的可爱小蛇。而现在的独生子女大多任性、自私，缺乏对同伴的情绪情感的关注。本活动通过这个故事，引导幼儿体验故事中角色的情绪情感，激发幼儿对春天里的动物的喜爱和好奇，体验帮助别人的快乐。

活动目标

（1）感受故事的趣味性，体验活动的快乐。

（2）尝试用动作和表情表现小蛇的变化。

（3）通过自主阅读看懂画面，理解故事情节。

活动准备

故事PPT，小图书，配乐故事录音，小蛇表情图卡（吃惊地长大嘴巴、闭着眼睛微笑、痛苦地张大嘴巴、痛苦地紧闭嘴巴）。

活动过程

1. 观察小蛇的表情图卡，激发自主阅读的兴趣

指导语：一天，小蛇去散步，摄影师帮忙给拍了一些照片，我们一起

看一看（出示小蛇的表情图卡）。为什么会有这样的表情呢？究竟发生了哪些有趣的事情？今天我带来了一本有趣的图书《小蛇散步》，请你们每个人去翻一翻、看一看。

2. 阅读图书，初步理解故事情节

（1）幼儿自主阅读，教师巡回指导，帮助幼儿读懂画面，理解故事情节。

（2）教师逐一出示表情图卡，并请幼儿找到对应的画面，引导幼儿交流、讨论。

①出示"吃惊地长大嘴巴"的图卡，提问：发生了什么事？请你来做做小蛇吃惊的表情。

②出示"闭着眼睛微笑"的图卡，提问：现在你发现小蛇的表情变成什么样了？它看上去怎么样？为什么会这样呢？

③出示"痛苦地张大嘴巴"的图卡，提问：小蛇的表情变了，身体有变化吗？大狗走过去，小蛇的身体又是什么样呢？

④出示"痛苦地紧闭嘴巴"的图卡，提问：最后是谁走过来了？发生了什么事？小蛇的表情和身体又是什么样子的？

（3）小结：原来，不同的动物走过小蛇的身体时，小蛇的表情是不一样的。动物越大越重，小蛇的表情就会显得越吃力。这真是条有趣的小蛇。

3. 倾听教师完整地讲述故事

教师播放故事PPT，完整讲述故事。

4. 自选故事图片表演

指导语：请你选一张自己认为最有趣的故事图片进行表演，也可互相表演给小朋友看。

附：故事简介

小蛇散步

雨过天晴，小蛇出门去散步，可是爬着爬着，路中间出现了一个大水坑。小蛇利用身体长的优势，轻易就跨越了水坑。正当它要离开时，蚂蚁、蜗牛等小动物也想过去，于是小蛇热心地帮助了大家。这时，狗、狮子和大象竟然也要从小蛇的背上过去。小蛇虽然感到非常惊讶，但还是尽力帮助了它们。令人惊奇的是，最后小蛇竟然毫发无损。小蛇随后喝干了水坑里的水，继续愉快地散步去了。

【伊东宽.小蛇散步[M].田霞,译.海口:南海出版社,2013】

专家评析

《小蛇散步》故事内容简单，画面形象有趣。故事中小蛇滑稽、可爱的表情、动作深深吸引着幼儿，适合中班幼儿模仿与表演。教学过程中，教师非常注重幼儿的自主学习能力培养。导入环节，教师巧妙地利用书中小蛇代表性的表情，激发幼儿自主阅读的兴趣。其后，教师大胆放手让幼儿自主阅读，并运用游戏的方式检验幼儿阅读的效果，比如逐一出示表情图卡，请幼儿找到对应的画面，引导幼儿交流、讨论，进一步理解故事情节发展，感受小蛇的滑稽、可爱。最后环节，教师引导幼儿自主选择故事图片表演，支持幼儿用简短的语言、表情动作表现自己对作品的理解，让幼儿真正地融入到故事情境中，最终体验到趣味阅读的快乐。

39. 要是你给老鼠吃饼干（早期阅读）

设计意图

《要是你给老鼠吃饼干》是一个轻松幽默、活泼有趣的故事，从头到尾都是一只老鼠在没完没了地向一个小男孩提出一连串的要求，从吃饼干开始，它接着要了牛奶、麦管、餐巾……可笑的是，到最后它又回到要吃一块饼干的要求，情节线索简单而又迂回。本活动选择了此故事，旨在通过小组分享阅读、自主阅读等方式，激发幼儿阅读的兴趣，帮助幼儿建立初步的阅读经验，养成良好的阅读习惯。

活动目标

（1）感受故事情节有序循环的乐趣。

（2）仔细观察画面，理解故事情节。

（3）尝试自主阅读，根据画面线索讲述故事。

活动准备

幼儿用书人手一本，PPT课件，圆形面板教具，操作小图片（老鼠、饼干、牛奶、麦管、餐巾、镜子等）。

活动过程

1. 观察小老鼠的图片，导入活动

指导语：今天，我带来一位有趣的朋友，我们来看看它是谁？（出示老鼠图片）要是它来到你的家，你会给它吃什么呢？要是你给它吃饼干，会发生什么事情呢？我们一起来看看。

2. 阅读PPT课件，感知故事情节的前半部分

（1）提问：要是你给老鼠吃饼干，老鼠会向你要什么？为什么？

（2）出示圆形面板教具，根据幼儿的讲述，按照圆形路线依次贴上饼干、牛奶、麦管、餐巾的图片。

（3）小结：这只小老鼠真是有趣！它很爱干净，吃完东西还不忘擦擦嘴巴。

（4）提问：你觉得老鼠擦完嘴巴后还会要什么？做什么呢？

3. 自主阅读小书（故事后半部分），尝试给图片排序

（1）引导幼儿自主阅读小书。

指导语：我们一起来看看这本有趣的故事书《要是你给老鼠吃饼干》。

（2）出示镜子、剪刀、扫帚、床等图片，引导幼儿根据故事内容给图片排序。

提问：老鼠擦完嘴巴后，又要了哪些东西？做了什么事情？请你们按照故事书里讲的顺序给这些图片排排队。

4. 尝试看图讲故事

（1）指导语：咦？你们发现什么了？这个故事有什么特别的地方？

小结：这个故事太有趣了，没有结尾，可以一直这样循环讲下去。

（2）请幼儿两两结伴看图片讲故事。

5. 续编故事

师：故事后面会发生什么呢？（引导幼儿思考，在集体面前讲故事）

专家评析

绘本《要是你给老鼠吃饼干》有着循环往复的情节结构，其情节就像推倒了多米诺骨牌，一发不可收拾，真令人哭笑不得。绘本主人公是只贪吃、可爱的小老鼠，深受幼儿的喜欢。幼儿常常会把看到的内容融入到自己的想象中，而这个绘本为幼儿提供了大胆想象、表达表现的舞台。

活动中，教师采取幼儿自主阅读、小组阅读、师幼共读的方式展开。首先，师幼共同阅读故事的前半部分，通过提供圆形面板教具，为幼儿梳理了故事情节的发展，加深了幼儿对前半部分故事的理解。其后，教师给幼儿提供小书自主阅读，期间增加了操作环节，引导幼儿根据故事内容给图片排序，激发了幼儿阅读的兴趣，为教师进一步了解幼儿的阅读水平和能力发展提供了有效的观察点。教师点拨式分析提问——"咦？你们发现什么了？这个故事有什么特别的地方"，可以帮助幼儿理解故事循环反复的结构特点，并了解事物之间是有联系的。活动中，两两结伴阅读对于中班幼儿来说是一大挑战，幼儿可以从中习得合作阅读的经验。活动结尾，教师开放性的提问，鼓励幼儿有条理地在集体面前大胆表达、表现，提高了幼儿的表达能力。

40. 长颈鹿好长喔（早期阅读）

设计意图

《长颈鹿好长喔》是一本科学知识类图画书，无论是在书的图画、版面设计还是内容方面都有其独特之处，它用实际大小的照片来再现真实的长颈鹿的外形,包括长颈鹿的每一个身体部位——头部、颈部、腿、尾巴等。本活动利用这本图画书的特点展开,通过幼儿自主阅读,让幼儿用直观的方式感受和理解长颈鹿究竟有多长,引导幼儿和同伴讨论、分享自己的想法和看法,进一步理解图画书的内容。

活动目标

（1）尝试通过不同的阅读方式（自主阅读和集体阅读），充分理解图画书的内容。

（2）能根据画面内容较完整地表达自己的想法和看法。

（3）通过多种体验方式直观地感受与理解图画书的内容。

活动准备

图画书《长颈鹿好长喔》人手一本，PPT，长颈鹿身体底板（将图画书中长颈鹿脖子以下、腿以上的身体部分做成纸板铺在地上，其他身体部位由幼儿用图画书中相关画面进行拼搭），黑板一块，夹子若干。

活动过程

1. 谈话导入，激发阅读兴趣

指导语：今天老师带来了一位动物朋友，瞧(出示PPT：长颈鹿的脸)！你在哪里看到过长颈鹿？

2. 带着问题自主阅读，寻找该书特殊的翻阅方式和表现"长"这一主题的内容

（1）教师出示图画书封面，介绍长颈鹿的名字，提出问题引导幼儿自主阅读。

指导语：本书会告诉我们关于洁克雅的哪些事情呢？让我们一起来看看吧！

（2）幼儿人手一本图画书自主阅读，教师指导。

重点：引导幼儿掌握从下往上的翻书顺序，仔细观察画面，找一找洁克雅身体的哪些部位是长长的。

（3）交流分享自己发现的各种"长"。

提问：读了这本书，你发现长颈鹿身上哪些地方长？在书本的第几页？（鼓励幼儿边说边将图画书翻到该页，并在教师的帮助下在黑板上展示）

3. 借助大屏幕观看PPT，交流与分享长颈鹿身体长长部位的具体作用

教师展示PPT的同时引导幼儿观察画面细节，帮助幼儿理解长颈鹿长长的部位的作用。

（1）脖子的作用。

出示PPT相关画面，提问：瞧！长颈鹿伸长脖子在干什么？长颈鹿喝水的时候又会摆出怎样的姿势呢？我们也来学一学。

小结：是呀，那么高的树上的树叶，只有长颈鹿才能吃到，因为它有长长的脖子。长颈鹿的脖子太长了，它在喝水时必须摆出这种姿势。

（2）舌头的作用。

出示PPT相关画面，提问：长颈鹿长长的舌头在干什么呢？是怎么吃树叶的？让我们伸出手臂来学一学。你们的舌头碰得到鼻子吗？试一试。

小结：长颈鹿不仅可以用长长的舌头勾住树叶，把树叶扯下来，还能把鼻孔舔干净，它很爱清洁！

（3）腿的作用。

出示PPT相关画面，提问：长颈鹿还有四条长长的腿，可以帮助它跑得快。这头狮子的表情告诉了你什么？为什么？

小结：长颈鹿长长的腿不仅跑得快，还非常有力！

（4）尾巴的作用。

提问：长颈鹿的尾巴看上去像什么？长长的尾巴还可以干什么？

小结：长颈鹿的身体有很多长长的部位，都有各自的作用。

4. 倾听教师配乐朗读图画书《长颈鹿好长喔》

指导语：我们一起来听听书里是怎么说的吧！

5. 合作操作体验，拼搭出长颈鹿的"长"

（1）指导语：这本书有一个特点，你们发现了吗？（"可以拼搭组合"）

（2）教师出示放置在地上的"洁克雅"身体部分的纸板，让幼儿从自己的书中寻找"洁克雅"身体上长长的部分，并翻到相应的页面，尝试合作拼搭出一只真实大小的"长颈鹿"，充分感知长颈鹿的长。

（3）玩"比比高"游戏，鼓励幼儿躺下来和长颈鹿比比身高，感受"长"。

指导语：这就是我们的长颈鹿朋友——洁克雅，它真的真的有那么那

么的长！你们想不想跟它比比身高呢？

 **专家评析**

科学知识类图画书是幼儿园早期阅读活动的重要材料。图画书《长颈鹿好长喔》用直观的画面描绘了长颈鹿的每一个身体部位的特点，该图书特殊的翻阅方式深深地吸引着这群充满好奇的孩子，他们乐滋滋地享受着图书带给他们的"盛宴"。

在科学知识类图画书阅读活动中，如何帮助幼儿获得阅读理解的核心经验，教师们一直存在很多困惑。上面呈现的这个早期阅读活动为教师指导科学知识类图画书的阅读提供了一个范例。在这个活动设计中，教师分别从三个方面引导、帮助幼儿获得阅读理解这一核心经验，从活动结果来看是非常有效的。首先，引导幼儿把握关键信息，认识关键形象，明确图画书的"长"这一主题。教师在活动一开始就让幼儿自主阅读，带着问题寻找书中介绍了长颈鹿的哪些部位长。这为幼儿指明了阅读的重点，让幼儿有目的地阅读，自己把握关键信息，从而明确"长颈鹿好长"这一主题。其次，通过交流分享，让幼儿完整体验理解长颈鹿"长"的特征，这是活动设计中的难点。不少幼儿只知道长颈鹿的脖子长，而对其他部位的"长"一无所知。又因为"长"本身是一个相对概念，对于幼儿来说要理解图画书中表现的"长"就有了一定的难度。因此，教师在幼儿自主阅读后让他们交流分享自己看到的"长"，以梳理长颈鹿身上所有具有"长"这一特征的部位，并且在黑板上展示。这时，理解水平较高的幼儿能够说出的"长"更多，理解水平较低的幼儿可以在同伴的帮助下了解书中反映的主题的其他关键信息，从而加深对主题的理解。这样，幼儿能够将所有长的部位都与长颈鹿联系起来，知道这就是长颈鹿的特征。最后，教师引导幼儿拼搭长颈鹿、和长颈鹿比身高，帮助幼儿更加感性地认识长颈鹿到底有多长。

41. 艾玛与风（早期阅读）

设计意图

　　故事《艾玛与风》的主人公花格子大象艾玛在外形、色彩、行为表现方面都是一只与众不同的大象。他不仅是大象家族的开心果，也是小读者心目中可爱的朋友。他身上乐观开朗的生活态度正是孩子们所需要的，并且能够受益一生。本活动旨在引导幼儿观察画面、大胆猜想并讲述故事情节和人物间的对话，学习运用故事中的句式结构完整地表达。

活动目标

　　（1）喜欢艾玛开朗乐观的性格，享受故事带来的乐趣。

　　（2）观察画面，大胆猜想并讲述故事情节和人物间的对话。

　　（3）学习运用"先到了××，再到了××，最后到了××"的句式结构完整地表达。

活动准备

　　《艾玛与风》PPT，背景图卡（高山、河流、大海、沙漠）人手一份。

活动过程

　　1.欣赏PPT，了解故事中的人物形象

　　教师播放PPT，介绍故事中的人物形象，引起幼儿的兴趣。

　　指导语：这是谁，你们认识吗？听听声音，这说的是艾玛和谁的故事？艾玛和普通的大象有什么不一样？

　　小结：这是一只花格子大象，是大家的"开心果"。

　　2.欣赏故事，感受艾玛带来的乐趣

　　（1）带领幼儿欣赏PPT2—4，提问：猜猜，艾玛和他的弟弟会说些什么呢？

　　（2）带领幼儿欣赏PPT5—6，引导幼儿看图讨论，大胆地讲述故事。

　　提问：朋友们想了什么办法走出山洞？

（3）带领幼儿欣赏PPT7—10，组织幼儿看图猜测故事情节，结伴交流。

提问：你觉得这次艾玛是真的被风吹走了吗？为什么？

3．操作"游戏卡片"，运用句式有序地讲述

（1）引导幼儿观察PPT11—12，提问：猜猜艾玛会被吹到什么地方呢？教师操作课件（点击图片中的艾玛从一个地方飞到另一个地方，点击速度由慢到快），引导幼儿认识地名。

（2）引导幼儿摆放图片，记忆并讲述。

提问：这次艾玛会去几个地方？他会先到哪里，再到哪里，最后到哪里呢？

（3）组织幼儿分组摆放卡片，在集体面前讲述艾玛旅行的顺序。

4．讲述故事结尾

提问：艾玛还会回来吗？你喜欢艾玛吗？为什么？

小结：艾玛是大家的开心果，而能给别人带去快乐的人，总是会得到大家的喜爱。

附：故事梗概

艾玛与风

外面刮起了非常大非常大的风，所有的大象都躲进了山洞。只有花格子大象艾玛不相信风可以吹跑一头大象，他胸有成竹地跑进风里和他的表弟韦伯玩起起了恶作剧，一边想象着被风吹走的场景，一边模拟对话，山洞里的大象都被骗出来跑来救他们。可是，后来大风真的把艾玛一下子吹到山头，吹到花园，又吹到树林。当艾玛寻求伙伴帮助的时候，大家都认为艾玛又在玩恶作剧，没去理会。直到风停后，艾玛才回到地面。艾玛哈哈大笑，说："今天是飞行的可爱日子！"

【大卫·麦基.艾玛与风［M］.任溶溶，译.上海：少年儿童出版社，2007】

专家评析

《艾玛与风》故事里面可挖掘的东西有很多，教师抓住了其中的一点，引导幼儿用丰富的动词来说短句"先……再……最后……"，突出了本次语言活动的重点。

整个活动把握了阅读活动的核心价值，引导幼儿在活动中充分地观察、倾听、理解、想象、表达、体验与操作。首先，教师引导幼儿观察比对故事中的人物形象并介绍其特点，引发幼儿对其后阅读内容的期望。其次，逐页引导幼儿观察，并通过多层次的提问引发幼儿讨论，鼓励幼儿大胆预设和讲述故事，发展幼儿的想象思维和推断能力。期间，教师还善于抓住故事里的"口技""恶作剧"等形象的词，启发幼儿根据上下故事情节猜测意思，充分地调动了幼儿的积极性。再次，以游戏的形式，借助PPT的动画效果帮助幼儿完整地参照语言支架表述。而摆放卡片的操作活动，不仅锻炼了幼儿的反应能力和记忆能力，还促进了幼儿语言能力的发展。最后，教师还很注重幼儿情感和学习品质的发展，引导幼儿学习用积极的语言评价他人，并学习乐观的生活态度。

大班

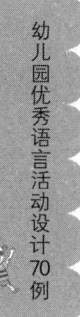

42. 十二生肖（故事）

设计意图

"十二生肖"是中华民族传统文化的结晶，与人们的生活也息息相关。大班阶段的孩子，开始从关注周围事物转到关注自己。每一次只要谈论到自己的年龄，他们都会兴奋地说："我属狗""我属兔"……在他们的印象中，小动物成为他们的属相是一件很值得开心、自豪的事情。借助幼儿对生肖的喜爱和兴趣，设计了此活动，以此激发幼儿对民间传说的好奇心，帮助他们感受我们民族文化的博大精深。

活动目标

（1）感知十二生肖这一中国特有的民族文化，萌发民族自豪感。

（2）能主动、大胆地用较完整连贯的语言表达自己对作品的理解。

（3）通过故事，初步了解十二生肖的由来。

活动准备

（1）知识经验：幼儿已经知道自己和家人的生肖。

（2）物质材料：十二生肖小图片一套，动画《十二生肖》，十二生肖的工艺品若干，故事《十二生肖的来历》。

活动过程

1. 自我介绍，激发活动兴趣

（1）观察教师示范的自我介绍。

指导语：大家好！我叫××，今年××岁了，我是属×的。

（2）相互讨论各自的属相。

提问：你的生肖是什么？你还知道什么生肖？

小结：生肖也叫属相，都是由动物代表的。今天，我们一起来听故事《十二生肖的来历》。

2. 欣赏故事,初步理解故事内容

提问:属相里面有没有猫?为什么没有猫呢?属相里面谁排在了第一位?为什么小小的老鼠排在了第一位呢?

3. 欣赏动画,进一步理解故事内容

(1)再次欣赏故事,共同讨论故事内容。

提问:有哪些动物被选为生肖了呢?一共有多少个生肖?

(2)欣赏动画,了解有关属相循环的知识。

提问:每一年的生肖一样吗?一年只有几个生肖?

4. 情感迁移,丰富有关生肖的其他经验

引导幼儿欣赏十二生肖的民间工艺品,了解十二生肖是我国特有的民间文化。

小结:十二生肖是我们中国人很早以前发明,并世世代代在民间流传下来的宝贵财富。

5. 延伸活动

请幼儿调查朋友、老师、家人的生肖,制作图文式的统计表。

附:故事

十二生肖的来历

很久很久以前,有一天,人们说:"我们要选十二种动物作为人的生肖,一年一种动物。"天下的动物有多少呀?怎么个选法呢?这样吧,定好一个日子,这一天,动物们来报名,就选先到的十二种动物为十二生肖。

猫和老鼠是邻居,又是好朋友,他们都想去报名。猫说:"咱们得一早起来去报名,可是我爱睡懒觉,怎么办呢?"老鼠说:"别着急,别着急,你尽管睡你的大觉,我一醒来,就去叫你,咱们一块儿去。"猫听了很高兴,说:"你真是我的好朋友,谢谢你了。"

到了报名那天早晨,老鼠早就醒来了,可是他光想到自己的事,把好朋友猫的事给忘了,就自己去报名了。

结果,老鼠被选上了。猫呢?猫因为睡懒觉,起床太迟了,等他赶到时,十二种动物已被选定了。

猫没有被选上，就生老鼠的气，怪老鼠没有叫他，从这以后，猫见了老鼠就要吃他，老鼠就只好拼命地逃。现在还是这样。

十二生肖的顺序是：鼠、牛、虎、兔、龙、蛇、马、羊、猴、鸡、狗、猪。

怎么让小小的老鼠排在第一名呢？这里也有个故事。

报名那天，老鼠起得很早，牛也起得很早，他们在路上碰到了。牛个头大，迈的步子也大，老鼠个头小，迈得步子也小，老鼠跑得上气不接下气，才刚刚跟上牛。老鼠心里想：路还远着呢，我快跑不动了，这可怎么办？

他脑子一动，想出个主意来，就对牛说："牛兄弟，牛兄弟，我来给你唱个歌。"牛说："好啊，你唱吧——咦，你怎么不唱呀？"老鼠说："我在唱哩，你怎么没听见？哦，我的嗓门太细了，你没听见。这样吧，让我骑在你的脖子上，我唱起歌来，你就听见了。"牛说："行，行！"老鼠就沿着牛腿子一直爬上了牛脖子，让牛驮着他走，可舒服了。

他摇头晃脑的，真的唱起歌来："牛兄弟，牛兄弟，过小河，爬山坡，驾，驾，快点儿！"

牛一听，乐了，撒开四条腿使劲跑，跑到报名的地方一看，谁也没来，高兴得昂昂叫起来："我是第一名，我是第一名！"牛还没把话说完，老鼠就从牛脖子上一蹦，蹦到地上，吱溜一蹿，蹿到牛前面去了。

结果是老鼠得了第一名，牛得了第二名，所以，在十二生肖里，小小的老鼠给排在最前面了。

【郑渊洁.十二生肖系列童话［M］.长沙：湖南少儿出版社，1999】

专家评析

生肖在中国传统文化中非常具有代表性。本活动不是让幼儿枯燥地学习十二生肖的名称和顺序，而是通过故事，形象地展示了十二生肖的由来，并结合幼儿自己的生肖进行讨论交流，丰富了幼儿的学习经验，引导幼儿感知了生肖这一民族文化，萌发了民族自豪感。

活动中，教师利用图片、课件声情并茂地向幼儿讲解有关生肖的知识（来历、数量等），并结合自身的生活经验，鼓励幼儿了解自己、朋友、老师、家人的生肖，使生肖从一个模糊的概念变成一个有趣的话题，这不仅可以激发幼儿进一步了解生肖知识的兴趣，还能培养幼儿乐于探索新知识、获取更多信息的学习品质。此外，教师还通过课件展示了许多关于十二生肖的艺术品，展现了中国人的勤劳和智慧，丰富了幼儿的生活经验，激发了幼儿作为中国人的民族自豪感。整个活动层次分明，由易到难、由此及彼，使幼儿在交流、表达中获得愉悦的情感体验。

43. 小猴的出租车（故事）

设计意图

大班幼儿表现出强烈的想说、要说的愿望，他们喜欢想象，喜欢对故事进行改编、续编，然后讲给朋友听。故事《小猴的出租车》内容有趣，让幼儿在欣赏、学习中体验帮助别人和被别人帮助都是一件快乐的事情。因此，结合故事内容和幼儿的兴趣，设计了本活动，旨在引导幼儿从了解出租车的特点出发，同时运用故事欣赏、想象创造、绘画创编的形式让幼儿充满信心地、大胆地进行表述，并在活动中主动、积极地与同伴、老师进行交流。

活动目标

（1）体验帮助别人和被别人帮助都是一件快乐的事情。

（2）能大胆参与讨论，增强积极讲述创编故事的勇气。

（3）在理解故事内容的基础上，利用故事提供的线索，大胆改编、续编故事情节。

活动准备

故事图片，绘画纸，笔，背景音乐。

活动过程

1. 观察出租车图片，结合生活经验讨论出租车的特点

提问：这是什么车？你坐过出租车吗？出租车与别的车有什么不一样？

小结：出租车是一种有明显的标记，能给人带来方便，但需要付钱的汽车。小猴的出租车跟别人的出租车可不一样，他的出租车是经过改造的特殊的出租车。你们想不想知道，这辆特殊的出租车会发生什么有趣的事情呢？

2. 欣赏故事前半部分，理解故事内容

教师讲述故事前半部分（即前两段），提问：谁来坐小猴的出租车了？他们遇到了什么困难？小猴是怎么做的？小猴快乐吗？为什么？

3. 观察图片，尝试讲述故事前半部分

4. 尝试续编故事，丰富故事内容

（1）自由讨论：小猴的名气越来越大了，森林里的小动物都来坐他的出租车。请你们想一想，还有哪些小动物会来坐他的车呢？他们又会遇到什么样的困难？小猴会怎么帮他们解决？

（2）根据续编要求，个别幼儿示范续编。

要求：要与故事的前面连起来想；要讲清楚是谁来坐车，他遇到了什么样的困难，是怎么解决的；故事要有趣、好听。

（3）幼儿边绘画边讲自己续编的故事。

（4）幼儿分小组轮流讲述自己续编的故事。

附：故事

小猴的出租车

小猴新改造了一辆出租车，他"嘀嘀嘀"开走上路了。在路口，有只小熊正在等车，小猴说："小熊，你坐我的车吧！"小熊看看小猴的车厢说："不行不行，你的车厢太小了！"小猴说："没关系。"他一摁按钮，座位就变大了。小熊说："小猴的出租车真好！"

"嘀嘀嘀……"小猴的出租车开走了。看到一个蛋宝宝伤心地流眼泪，小猴问："蛋宝宝，你怎么了？"蛋宝宝说："我找不到家了！"小猴说："没关系，你坐我的出租车，我送你回家。"蛋宝宝说："我怕从车子

上滚下来。"小猴说:"没关系。"小猴一摁按钮,座位上出现了一个小圆球,蛋宝宝爬到小圆球里舒舒服服地坐在那儿。蛋宝宝说:"小猴的出租车真好!"

……

**专家评析**

续编故事的选材很重要,只有找到幼儿的兴趣点和经验点,幼儿才能编出生动有趣的故事。《小猴的出租车》是幼儿非常感兴趣的一个故事,其中的动物也是幼儿熟悉的,故事的情节也为幼儿的想象续编提供了线索,是一个适合续编的故事。活动中教师运用了故事欣赏、想象创造、绘画创编的形式,让幼儿充满信心地、大胆地进行表述,并在活动中能主动、积极地与同伴、老师进行交流。在活动中,语言与艺术、社会等多种领域相结合,使活动的内容更加丰富,从而使幼儿得到多方面的发展。

44. 城里老鼠和乡下老鼠(故事)

设计意图

《城里老鼠和乡下老鼠》故事诙谐有趣,通过两只老鼠的不同经历从侧面反映了城里和乡下的不同生活。大班幼儿对城里很熟悉,对乡下也并不陌生。而且,他们的语言发展已经进入高峰期,敢说、想说、乐意说,尤其是在自己感兴趣的事情上乐于讨论甚至辩论。本次活动利用图片、谈话、动画等多种形式让幼儿有话可说,让幼儿的生活经验在简单的辩论中得到提升,帮助幼儿学会大胆地表达自己的观点,并能认真地倾听。然后,由辩论再蔓延到故事情节中,引导幼儿在诙谐有趣的故事中体验其中所蕴涵的意义,了解故事的内容。

活动目标

（1）欣赏故事，感受故事的诙谐与趣味。

（2）能大胆表达自己的观点，并能尊重别人的观点。

（3）理解故事内容，尝试完整讲述故事。

活动准备

城市与乡村的图片，城里老鼠和乡下老鼠的活动教具各一只，动画《老鼠进城》。

活动过程

1. 观察两只老鼠的活动教具，了解故事角色

指导语：今天老师带来了两位客人，一只老鼠住在城里，叫城里老鼠；一只老鼠住在乡下，叫乡下老鼠；他们是一对好朋友。我们一起到他们住的城市和乡村去看看吧！

2. 逐一观察城市与乡村的图片，初步感知故事内容

提问：你觉得城里的生活好，还是乡下的生活好？为什么？（请幼儿自由选择，邀请喜欢城里和乡下的小朋友分别陈述自己的理由）

3. 欣赏动画，并拓展讲述

（1）猜想故事内容并大胆讲述。

提问：城里老鼠和乡下老鼠过腻了现在的生活，他们想交换一下，你们觉得可能会发生什么事情呢？

（2）欣赏动画《老鼠进城》。

提问：乡下老鼠来到城里，会发生什么事情呢？他能习惯城里的生活吗？让我们一起来看动画片吧！

（3）想象城里老鼠去乡下发生的故事，进行拓展讲述。

提问：请你们猜一猜，城里老鼠到乡下后，又会怎么样呢？他又能习惯那儿的生活吗？

4. 完整欣赏故事《城里老鼠和乡下老鼠》，进一步理解故事内容

提问：你在故事里听到了什么有趣的事情？你能够跟大家说说吗？

5. 讨论并小结故事情节

提问：城里老鼠喜欢乡下的生活吗？为什么？乡下老鼠喜欢城里生活

吗？为什么？为什么城里老鼠和乡下老鼠都想回到自己原来生活的地方？

6．再次欣赏故事，尝试和老师一起讲述故事主要内容

附：故事

城里老鼠和乡下老鼠

有只乡下老鼠住在靠近谷仓的地方，日子过得十分安逸。

这天，乡下老鼠忽然想起了自己的老朋友——城里老鼠，就写信请他来乡下玩。城里老鼠接到信后，高兴得不得了，立刻动身前往乡下。

城里老鼠受到了乡下老鼠的热情接待。乡下老鼠领着城里老鼠来到野外，得意地说："老兄，你看这儿的风景多好，空气也很新鲜，多住几日吧！"回到家，乡下老鼠又拿出很多大麦和小麦请城里老鼠吃。城里老鼠坐在坚硬的板凳上，很不当回事地说："老兄，这儿尽管吃东西不愁，可也太乏味了！"城里老鼠说："你还是到我家去玩吧！我请你吃从没吃过的好东西！让你看看我过的是怎样的生活！"听了这番话，乡下老鼠突然非常向往都市生活了，他欣然接受了城里老鼠的邀请。于是，他们立刻上路了。

来到城里，看见城里繁华的景色，看到来来往往的车辆，乡下老鼠吓得全身颤抖，过马路时紧紧拽着城里老鼠的手臂吓得哇哇乱叫。他们来到城里老鼠的家，看到整洁的房间、漂亮的家具和各种好吃的东西，乡下老鼠不由惊呆了。"你天天都这样过吗？"乡下老鼠问。"是啊！来客人时吃得更好呢！"城里老鼠神气活现地回答。乳酪、蜂蜜、苹果、无花果、奶油蛋糕、面包……乡下老鼠以前连见也没见过。"你真幸福啊！吃得好，过得好，而我一年四季只在农田里干活！"乡下老鼠感到很悲哀。

他们聊了一会儿，就爬上餐桌吃起来。乡下老鼠正要把苹果放进嘴里，"砰"的一声，一个男仆人走了进来。城里老鼠见了，飞快地躲进墙角的洞里，乡下老鼠吓了一大跳，也躲了进去。

仆人把一些食品放在餐桌上，又出去了。"好了，这下安全了。"城里老鼠得意地坐在餐桌上，继续吃东西。乡下老鼠四下张望了一下，才跟着吃那可口的肉。他们才咬了一口，"砰"的一声，门又打开了，一个

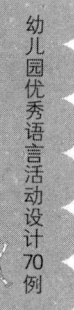

女仆人走了进来。两只老鼠吓了一大跳,又急急忙忙躲进墙角的洞里。

"老兄,你觉得那肉的味道怎么样?"城里老鼠得意地问。可乡下老鼠却吓得什么都忘了,他静静地想了一会儿后,把帽子戴起来,说:"老兄,我要回家了。"城里老鼠不知道是怎么回事:"哎,这儿不是很好吗?"乡下老鼠说:"乡下平静的生活很适合我。这儿虽好,但随时都得担心被人伤害,我还不如回去。"说完,乡下老鼠头也不回地走了。

专家评析

　　城市和乡村是不同的生活环境。不过,城市和乡村各有各的好,也各有各的不好;一个人在一个地方生活的时间长了,就会有他自己的生活方式和习惯。应该如何让幼儿理解"只要我们找到适合自己的生活,那就能过得开心、舒服"的道理呢?《城里老鼠和乡下老鼠》的故事生动有趣地说明了这个道理。幼儿很喜欢故事中两只老鼠的形象,并乐于参与讨论,积极发表自己的意见。活动中,教师首先能紧紧地抓住幼儿的兴趣点和生活经验,以开放式、假设的问题来启发幼儿猜测故事情节,引导幼儿大胆地表达自己的观点;之后,再带领幼儿欣赏完整的故事,使幼儿对作品有一个完整的印象和理解。整个活动气氛活跃,幼儿愿意表达并且有话可说。

45. 一片美丽的红枫叶(故事)

设计意图

　　《一片美丽的红枫叶》是一篇优美的童话故事,通过一片红枫叶揭示了青蛙和小蜥蜴之间相互关爱的温馨情感,这样温情的内容非常适合"我的好朋友"主题活动,可以让幼儿知道当别人需要帮助的时候应该如何尊重他人和互相帮助。此外,大班幼儿基本能根据故事内容进行一定的推理,而本故事中出现了一些角色和线索，给幼儿提供了想象的空间，这样幼儿可以根据自己的生活经验以及思维方式想象故事情节的发展，提高想象能力。

活动目标

（1）喜爱故事中青蛙先生的形象，体验人与人之间相互关爱的美好感受。

（2）能根据故事情节的发展大胆猜测故事情节。

（3）尝试根据故事情节的发展续编故事，并给童话故事取名字。

活动准备

青蛙头饰，小蜥蜴橡胶玩具，两片红色的枫叶。

活动过程

1. 欣赏故事的前半部分，初步了解故事的部分内容

（1）教师戴着青蛙头饰，模仿青蛙的声音说：我是青蛙先生，小朋友，你知道我喜欢做什么吗？想得到什么东西吗？下面我给你们讲一个关于我自己的故事。

（2）欣赏故事前半部分（开头至"'真抱歉，我睡着了，一点儿都不知道，谢谢你的好心。'小蜥蜴说。"），初步理解故事内容。

2. 猜测和续编故事情节

提问：一阵风把红枫叶吹到小溪里去了，一条小鲫鱼顶着它游走了。青蛙先生还能得到他想要的红枫叶书签吗？

3. 欣赏故事的结尾，了解完整的故事内容

提问：故事里有谁？青蛙先生喜欢什么？想要什么？后来，青蛙先生得到红枫叶书签了吗？他是怎样得到的呢？

4. 围绕故事的主要线索和核心内容，尝试给故事取名字

提问：听了青蛙先生讲的这个故事后，你能给这个故事取一个名字吗？你想给故事取一个怎样的名字呢？

5. 再次完整地欣赏故事，尝试讲述故事中的语言

（1）幼儿扮演青蛙先生边表演边讲述故事。

提问：青蛙先生终于得到了自己喜欢的枫叶书签，他高兴吗？他说了些什么？

（2）幼儿模仿青蛙先生表演："谢谢你——红枫叶！谢谢你——好心的

小蜥蜴!"

6. 自由讨论，分享相互关爱的情感体验

提问：听了这个故事，你喜欢谁？为什么？

小结：青蛙先生很喜欢枫叶书签，可是为了不影响小蜥蜴休息，他没有拿枫叶。小蜥蜴知道了这件事，想办法为青蛙先生送上了红色的枫叶，让青蛙先生很高兴。他们既关心别人，又得到了别人的关心，成了一对好朋友。

附：故事

一片美丽的红枫叶

青蛙先生有一本心爱的书，这本书的名字叫《绿色的童话》。

青蛙先生非常喜爱读这本书，书里的每一个童话，都像是一块又香又软的小蛋糕，或者是一块凉丝丝、甜丝丝的口香糖。

他舍不得把这些故事一下子都读完，就像有了好东西，不能一下子都吃掉一样，他每次只读一两个故事。因此，青蛙先生非常想有一张小书签，看到了哪一页，就把书签夹在哪一页，这样又方便，又有趣。

午后散步的时候，青蛙先生发现，池塘边有一片红红的枫叶，红枫叶飘落在青草地上。它有五个细小的"手指"，就像一个红润润的小巴掌，用它来做书签棒极了。

当青蛙先生小心地捡起这片红枫叶时，他才发现，有一条小蜥蜴正躲在红枫叶下睡午觉呢。枫叶下面又阴凉，又安静。

青蛙先生轻轻地说了声："对不起!"他又把红枫叶轻轻地放下。

回到家里，青蛙先生还一直在想着那片漂亮的红枫叶，他的童话书里，就缺少这样一张书签。

青蛙先生忍不住又回到了池塘边，他看见小蜥蜴睡完午觉，正在散步呢。

青蛙先生问："盖在你身上的那片红枫叶呢？我太喜欢它了，想把它做成一张书签。"

"那你刚才为什么不取走它呢？"小蜥蜴惋惜地说，"一阵风把红枫叶吹到小溪里去了，我看见一条小鲫鱼顶着它游走了。"

"真可惜。"青蛙先生叹口气说,"刚才我怕拿走了它,会惊醒你的午睡。"

"真抱歉,我睡着了,一点儿都不知道,谢谢你的好心。"小蜥蜴说。

傍晚,青蛙先生在家里又读了一篇美丽的童话。

这时,门外响起了咚咚咚的敲门声。

青蛙先生打开门一看,门外站着一片非常美丽的红枫叶,比他中午看到的那片还要鲜艳,还要漂亮。

"红枫叶怎么自己走来了?"吃惊的青蛙先生抓抓头皮,突然明白了——在红红的枫叶后面,一定爬着他的好朋友小蜥蜴。青蛙先生快乐地说:"谢谢你——红枫叶!谢谢你——好心的小蜥蜴!"

青蛙先生有一本心爱的书。如今,他的书里夹着一片非常美丽的红枫叶……

【张秋生.一片美丽的红枫叶[M].上海:华东师范大学出版社,2010】

专家评析

《一片美丽的红枫叶》是一篇优美的童话故事。幼儿在理解故事情节中体验关爱他人的情感,在推测故事情节的发展中培养想象力和语言表达能力。

活动中的头饰、玩具和红枫叶的教具,准备方便,易于操作。活动中的各个环节层层递进,目标明确。比如,导入环节,教师扮演小青蛙,激发了幼儿的兴趣;利用枫叶和小蜥蜴玩具讲述故事,帮助幼儿理解故事的角色和情节的发展;引导幼儿猜测故事情节发展,给幼儿提供了想象的空间,发展了幼儿的想象能力,激发了幼儿的学习热情;让幼儿完整地欣赏故事是文学作品学习过程中不可缺少的环节,让幼儿对故事内容有一个整体的了解;引导幼儿讨论并给故事取名字的环节,可以培养幼儿把握故事关键线索的能力,提高幼儿的语言概括能力;活动最后,鼓励幼儿扮演角色讲述,学说部分简单的语言,提高了幼儿参与讲述或表演的意识,起到共同学习的作用。

集体教学活动不是幼儿教育活动的结束，在日常活动中，教师可以经常让幼儿欣赏配乐故事，帮助幼儿进一步熟悉故事内容，感知文学作品。

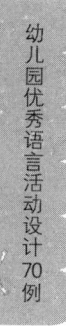

46. 国王生病了（故事）

设计意图

《国王生病了》是一个诙谐有趣的故事，深受幼儿的喜爱，适合大班幼儿欣赏。教师在讲述故事时，应重点突出国王的滑稽可笑。活动中，教师先让幼儿观察讨论周一至周六国王做运动的幻灯片，然后通过教师的讲述让幼儿理解国王是怎样做运动的，理解故事中国王的滑稽可笑，让幼儿尝试想象故事情节和续编故事结尾。

活动目标

（1）能积极地参与文学活动，体验故事的诙谐有趣。

（2）尝试想象故事情节和续编故事结尾。

（3）理解故事内容，仔细观察画面人物的动作，并大胆讲述。

活动准备

课件《国王生病了》，"国王运动记录表"。

活动过程

1. 欣赏"处方"幻灯片，导入活动

提问：有一个国王生病了，他吃不下饭睡不着觉，医生给他开了一张处方（幼儿已知道什么是处方）。请你们猜猜看，这张处方上面写了什么？

2. 逐幅观察国王做运动的幻灯片，猜猜里面说了什么

提问：国王在星期一、星期二……都在做什么？他是照医生开的"药方"去做的吗？国王的病好了没有？为什么？

指导重点：引导幼儿充分地表达对图片内容的理解。

3. 欣赏课件，初步理解故事的前半部分

教师讲述故事到"……就这样过了一个月，不但国王的身体没有好

转,就连皇宫里的其他人也都病倒了"。

提问:为什么国王的病没有好,而其他的人却病倒了?

4.操作活动,进一步理解故事的前半部分内容

引导幼儿观察表格("国王运动记录表"),判断国王每天是在做运动还是坐在轿子里,然后根据画面内容打"√"。

5.想象故事结尾,并完整地阅读欣赏故事

(1)讨论:你觉得国王的病后来治好了吗?是怎么治好的?

(2)完整地欣赏故事,感知故事的诙谐和幽默。

附:故事

国王生病了

很久以前,有一位国王生病了。他吃不下饭,也睡不着觉,整天躺在床上,什么事都不想做,当然也不管理国家大事了。于是,大臣们急忙请来医生替国王看病。医生看了国王以后,对国王说:"尊敬的国王,您的运动太少了,所以觉得不舒服。只要多多运动,您的身体就会好的。"然后,医生写了一张运动计划表给国王,上面写着:星期一——爬山;星期二——骑马;星期三——游泳;星期四——打棒球;星期五——慢跑;星期六——做体操;星期天——休息。

到了第二天,国王一大早就起床了。他说:"快准备轿子,我要去运动啦!"为了国王的健康,皇后还命令王子和大臣们轮流陪国王做运动。于是,星期一,大王子陪国王去爬山。他们抬着国王爬呀爬,到了山顶上,国王在轿子里说:"山上的风景真美丽,我们下山去,再爬一遍吧!"星期二,二王子陪国王去骑马。国王坐在轿子里又说:"马儿跑步的样子真好看,你们再多骑几趟吧!"到了星期三,三王子陪国王去游泳。"游泳好像很舒服嘛,你们游到天黑再回家吧。"国王坐在轿子里说。星期四,大臣们一起陪国王打棒球。国王又说了:"这个游戏看起来挺有趣的,你们再玩一遍,再玩一遍。"到了星期五,大臣们陪国王去慢跑。大臣们跑了一圈又一圈。星期六,轮到皇后亲自陪国王做体操了。皇后带着大臣们做了一遍又一遍。终于到了星期天,大家可以好好休息一天了!

就这样过了一个月,不但国王的身体没有好转,就连皇宫里的其他人也都病倒了。

国王就问医生:"怎么会这样呢?我天天都去运动啊!"医生听了哈哈大笑:"哈哈!不对,国王您总是坐在轿子里,身体根本没有真的运动嘛!其他的人是运动太多,所以累病了!"于是,国王把轿子留在了皇宫,和大家一起去爬山、骑马、游泳。当然,他每天傍晚还和皇后一起去散步。

不久,国王的身体真的变好了,每天都能精力充沛地处理国家大事了。

【杨英蓉.国王生病了[M].南京:南京师范大学出版社,2004】

专家评析

该活动的选材很有趣又贴近幼儿的生活,使大班的幼儿不仅能理解故事中滑稽可笑的情节,也能感受故事的趣味性。本活动设计有三点值得借鉴:第一,活动中教师先让幼儿观察讨论国王做运动的幻灯片,猜测其中可能发生的事情,调动了幼儿的兴趣,激发了幼儿对故事内容的猜测和理解。第二,提供了"国王运动记录表",帮助幼儿进一步理解国王是在做运动还是坐在轿子里。第三,分段欣赏和续编的形式比较适合该故事的特点。

47. 奇怪的洞(讲述)

设计意图

大班幼儿喜欢和同伴一起讲述自己感兴趣的话题,在材料充足的情况下,常常能围绕话题的中心思想进行讲述,但讲述有时不够丰富,较平淡,讲述内容也没有层次性,不够深入。故事《奇怪的洞》内容滑稽、有趣,故事的情节发展层层深入、富有悬念,是十分适合大班幼儿进行讲述的活动素材。本活动旨在运用故事中有趣的情节吸引幼儿,充分调动幼儿已有的讲述经验；通过运用有趣的道具，提升和丰富幼儿的讲述经验，让幼儿在讲述时能选取恰当、形象、生动的语言，对角色的状态、动作、对话进行简单的描述。

活动目标

（1）对"小老鼠钻奇怪的洞"这个故事情节感兴趣，乐于在集体面前表达自己的观点。

（2）能根据图片描述，找到故事线索并尝试运用自己的语言讲述故事内容。

（3）学会运用对话框的帮助，积累相应词汇并在与同伴交流的过程中吸取讲述经验。

活动准备

教学挂图，"小云朵"对话框。

活动过程

1. 观察图片，猜测故事情节发展

（1）比较图1和图6，猜测故事情节。

指导语：这两张图片上有什么？鸡蛋怎么变成小鸡了？

（2）观察图1—图6，理解故事情节线索。

指导语：小老鼠来到了哪里？发现了什么？小老鼠又是在哪里呢？为什么要钻进去？最后发生了什么？

2. 尝试结伴讲述图片内容，梳理故事情节

（1）教师提出讲述要求。

指导语：请你们将这几张图片内容连起来编一个好听的故事。注意讲清楚什么时间，在什么地方，发生了一件什么事情，中间经历了怎样的过程，最后结局是怎样的。

（2）幼儿结伴讲述。

教师观察发现幼儿基本上能比较清楚地讲述事情的经过，但是情节比较简单，趣味性不够。

3. 讲述"小云朵"对话框中的内容，丰富讲述经验

（1）观察图5，讨论"小云朵"对话框里的内容。

指导语：咦！这是什么？上面有什么？这是谁在说话呢？你怎么知道是小老鼠说的？

（2）讲述空白"小云朵"中的内容，尝试运用自己的语言说出角色的对话。

（3）师幼共同小结，发现讲述时加入角色对话后的变化。

（4）观察图6，提炼表示惊奇的词语如"奇怪"，尝试使用含有"奇怪"的句子，讲述角色对话。

指导语：这是什么？谁来学一个"奇怪"的样子？

4. 结伴完整讲述故事，在与同伴交流的过程中吸取讲述经验

指导语：这次讲故事时，你的故事变得怎么样了？

小结：在讲述故事时加入角色对话和一些动作，能使故事变得更有趣、更完整，下次在我们讲故事的时候，记得使用这些方法。

附：故事图片

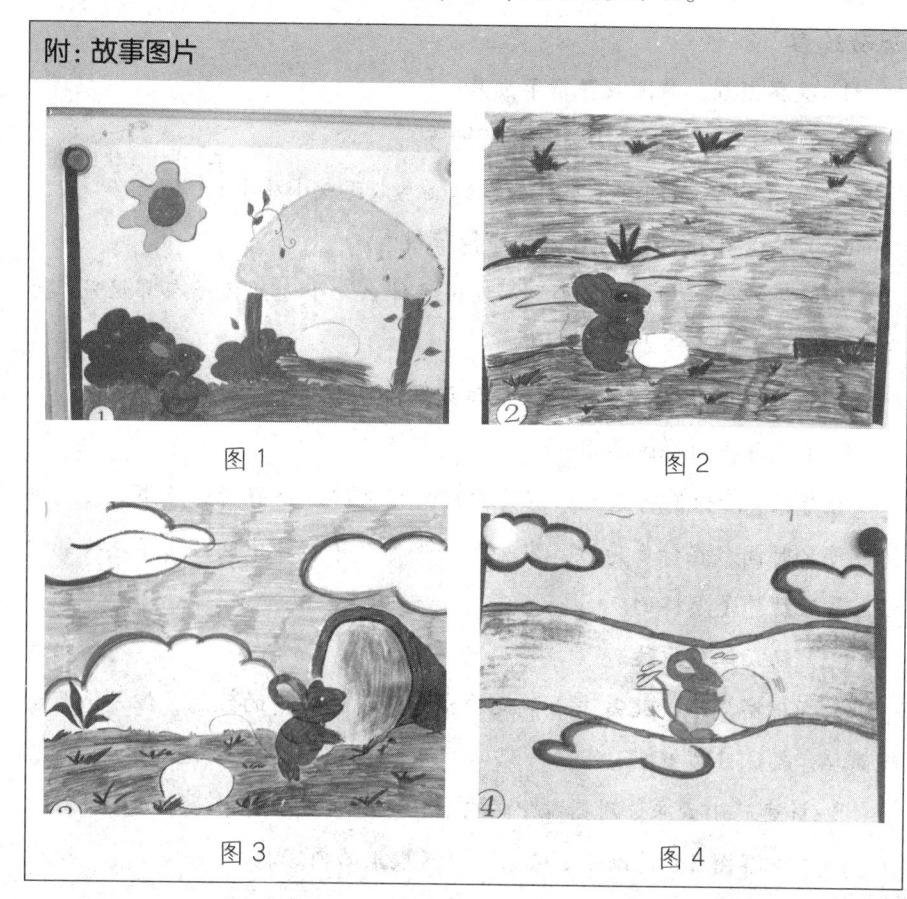

图1　　　　图2

图3　　　　图4

图5

图6

专家评析

本次活动通过层层深入的环节设计，逐步使幼儿的讲述内容完整、生动、形象。首先，教师引导幼儿完整地观察图片，简单地讲述故事。其次，应用对话框，提供给幼儿一个想象的平台，进一步丰富讲述的内容，这个步骤也是解决活动难点的重要步骤。最后，在前两个层次的基础上，鼓励幼儿加入角色对话、变换声音、模仿动作等来展示讲述的成果。这样层次分明的环节设计，有利于分步骤、有重点地解决活动难点，帮助幼儿在多次讲述中达到更具体、生动和完整讲述的效果。

活动中，教师运用有效的且具有拓展性的提问，帮助幼儿更好地理解画面、迁移想象以及丰富讲述内容。同时，引导幼儿"点评"，让他们发现自己讲述中的不足，从而完善讲述内容，这正体现了《纲要》提出的教学精神——要运用支持和鼓励，与幼儿共同体验语言的乐趣，享受语言学习的过程。久而久之，幼儿就学会了评价，养成了专心倾听他人讲述的好习惯。

此外，活动中使用的"小云朵"对话框是一个非常具有创意的工具。它扩充了幼儿的词汇，丰富了幼儿的讲述经验，起到了很好的引导作用，让幼儿充分地发挥想象，学习生动地讲述。

48. 猴子学样（讲述）

设计意图

《猴子学样》是一个经典的民间故事，讲述的是一位老爷爷丢帽子、找帽子、夺回帽子的过程，非常适合大班幼儿阅读，符合他们好奇、好问、爱模仿、爱体验的特点。本活动采取启发式、推理式、互动式等多种引导方法，不断地设疑提问，激发幼儿的好奇心和探究欲，让幼儿在发现问题—探索问题—解决问题中丰富经验，体验成功。

活动目标

（1）感受故事情节的滑稽幽默。

（2）能运用完整、连贯的语言讲述图片的内容、情节。

（3）能运用幽默的语气和象声词表现猴子与老爷爷之间的对话，用动作进行创造性表演。

活动准备

（1）知识经验：幼儿玩过"照镜子""请你这样做"的游戏。

（2）物质材料：《猴子学样》故事图片，表演用的草帽、面具若干。

活动过程

1. 观察图1、图2，感知了解讲述对象

提问：图片上有谁？发生了一件什么事？

2. 逐一观察图片，了解故事的发展过程

（1）观察图3、图4，简单讲述故事内容。

提问：老爷爷与小猴子之间发生了什么事？老爷爷、小猴子的动作、表情如何？

（2）观察图5、图6。

提问：最后，老爷爷想了个什么办法夺回了帽子？

3. 观察小图片，自由结伴讲述

（1）自由结伴进行讲述。

指导重点：教师注意倾听，帮助幼儿流畅地进行讲述。

（2）个别幼儿在集体面前示范讲述。

指导重点：请其他幼儿提出"××哪里讲得不合理、不合适"等问题。

4. 引进新的讲述经验

提问：卖草帽的老爷爷在哪里睡着了？小猴子看见了是怎么做的？老爷爷发现后先是怎样追猴子的？后来又是怎样巧妙地夺回帽子的？

小结：在讲故事的时候，我们可以将角色的动作、心理都说清楚，这样故事会更有趣。

5. 扮演角色，表演故事，加深对故事的理解

先由教师扮演"老爷爷"，幼儿扮演"猴子"，表演幼儿感兴趣的情节。再由幼儿分别扮演"老爷爷""猴子"，自由表演。

附：图片故事内容

图1、图2：一个老爷爷，挑着一担草帽上城里去卖。走到半路上，老爷爷累了，放下担子，坐在大树底下休息，不知不觉睡着了。这时，一只老猴子带着一群小猴子出来玩。老猴子看见大树底下放着一担草帽，又看见一个老爷爷戴着草帽在睡觉，就轻轻地走过去，拿起一顶草帽，学老爷爷的样子戴在头上。小猴子看见了，也拿了一顶草帽戴在头上。

图3、图4：老猴子戴着草帽，爬上了大树。小猴子们也戴着草帽跟着它爬上了大树。它们在树枝上跳来跳去，又是叫，又是笑，把卖草帽的老爷爷吵醒了。老爷爷睁开眼睛一看，发现箩筐里一顶草帽也没有了！他就赶紧起来，东瞧瞧，西找找。躲在大树上的猴子看见老爷爷着急的样子，一齐大声笑起来。老爷爷抬头一看，这才明白，原来草帽全让猴子拿走了。老爷爷气极了，指着猴子们大声说："你们这些坏东西，赶快把草帽还给我，不然我就把你们都捉起来！"猴子们看见老爷爷指手划脚地嚷嚷，也指手划脚地叫起来，不肯把草帽还给他。老爷爷急得一

边晃拳头，一边跺脚："你们到底还不还我的草帽？再不还给我，我就把你们抓到城里去关起来！"猴子们也学老爷爷的样子，晃着拳头，跺着脚，还是不把草帽还给他。老爷爷又急又慌，摘下草帽，摇起了脑袋。猴子们也学老爷爷的样子，摘下草帽，摇起脑袋来。

图5、图6：老爷爷看见猴子又在学他的样子，心里想：有了！有了！他把手里的草帽使劲往地上一摔，叹了口气说："唉！真把我气死了！真把我气死了！"猴子们见了，也学老爷爷的样子，一个个把草帽使劲地摔下来。老爷爷赶忙把地上的草帽捡起来，一顶一顶装到箩筐里，挑起担子，进城去了。

专家评析

《猴子学样》是一篇非常有趣的故事，它伴随了一代又一代中国人的成长。故事讲述了一个老汉挑着一担草帽到城里去卖，中途在一棵大树下纳凉，结果草帽被一群猴子拿到树上，然后通过与猴子智慧的较量，老汉最终战胜了调皮捣蛋的猴子，拿回了草帽。阅读过程中，幼儿能够在笑声中体会故事的幽默与诙谐。

活动中，教师重点引导幼儿观察细节，从人物的表情、动作到想象角色对话，让幼儿边观察边模仿，体验故事情节。活动最后，教师让幼儿两两结伴分别扮演老爷爷和猴子表演故事，不仅可以让幼儿有轮流讲述的机会，还能让他们相互评价，分享学习经验。

49. 小猫生病了（讲述）

设计意图

大班的讲述活动应重点发展幼儿仔细观察图片、理解图意，并能大胆地用语言表达自己的观点的能力。《小猫生病了》这个故事讲述的是幼儿熟悉的且能理解的内容。本活动以《小猫生病了》这个故事为媒介,层层递进地向幼儿展现图片的内容,培养幼儿积极倾听和愉快表达的能力。

活动目标

(1)知道朋友之间要相互关心、帮助。

(2)能根据已有的生活经验,大胆、合理地进行想象和讲述。

(2)了解书信的格式,尝试阅读书信。

活动准备

(1)知识经验:幼儿认识信,了解信的基本格式。

(2)物质材料:"小猫生病了"图片三张(图1:小猫躺在床上,旁边放着药,猴子医生在给他看病;图2:小猫很伤心,躺在床上哭,头上放着毛巾,旁边放着药,墙上挂着小猫和小兔的合影;图3:小猫躺在床上想……);小动物来看小猫的图片四张(图1:刺猬送来了鲜花;图2:小鸟给小猫唱歌;图3:小兔子给他讲故事;图4:小鸭子送来了一锅鱼汤)。

活动过程

1.谈话活动,帮助小猫想办法

指导语:有一只小猫生病了,只能整天躺在床上。他想:"要是好朋友小兔子能来看我,那该多好啊。可是,小兔子家离得很远,怎样才能让他知道我生病了呢?"小猫发愁了,怎么办呢?

2.观察信封,猜测信的基本内容

提问:你们帮小猫想了很多好办法,小猫自己也想了一个办法,他写了一封信给小兔。你们猜猜,小猫在信里对小兔子说了一些什么?

3.观察"小猫生病了"的三张图片并讲述信上的图画

(1)观察:图画上有什么?三张画分别是什么意思呢?

(2)相互讨论,将看懂的图画用语言表达。

提问:你看懂了哪张图画?说了一件什么事?

(3)重点阅读、理解第二、第三张画。

提问:第二幅画里小猫为什么哭?第三幅画里小猫心里会想些什么?

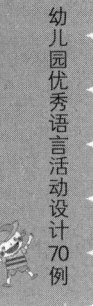

4. 集体读信，体验书信的表达方式

指导语：我们看懂了这三张画，接下来我们开始读读这封信。读信的时候要注意用"我"的口气来读，要将信的开头和结尾部分也念出来，说清楚小猫为什么哭以及他心里想些什么，要让别人一听就懂。

5. 观察小动物来看小猫的图片并讲述

提问：好朋友为小猫做了什么事？他们为什么要这么做？

6. 移情讨论

提问：小猫生病后得到了这么多朋友的关心爱护，我们身边的朋友生病了，我们应该怎么做呢？

专家评析

该活动的选材很好，符合幼儿的生活经验。活动的构思层次分明，提问准确到位，能抓住幼儿的兴趣点，因此能激发幼儿大胆地表达。整个活动流程，采用写信—读信—回信的形式来讲述图片内容，能很好地激发幼儿主动学习的兴趣。

活动延伸环节，教师可以组织幼儿一起了解如何写信以及投递信件的基本流程，拓展幼儿的知识面；还可以鼓励幼儿尝试给朋友以及远在外地的亲戚写一封信。此外，教师还可以请家长带领孩子搜索一些关于信件的来源和古往今来人们通信方式的资料，布置在班级主题墙上，开阔幼儿的眼界。

50. 森林里的动物（讲述）

设计意图

大班幼儿对动物特别感兴趣，他们在书上、动画片里或故事中都看过或听过很多有关动物的故事，积累了一些有关动物的知识，因此本活动选择了讲述动物这一主题。本活动主要通过让幼儿听录音辨别不同动物的叫声，产生谈论动物的愿望；然后通过有重点地倾听和教师有层次地提问，引导幼儿较深入地用一段话讲述某一种动物，从而达到培养幼儿大胆、清楚、连贯讲述的目的。

活动目标

（1）乐于参与活动，想象那些发出不同叫声的动物的形象。

（2）能保持良好的注意力，积极主动地表达自己的观点。

（3）仔细听辨出录音中各种动物的叫声，尝试描述动物的叫声、形象及动态。

活动准备

录有森林里动物叫声的磁带一盒，录音机一台，动物头饰、手偶。

活动过程

1. 听录音，激发活动兴趣

指导语：请小朋友仔细听听，这些声音是哪些动物发出的？

2. 第二遍完整倾听录音，运用已有的经验进行讲述

指导语：森林里有哪些动物？这些动物的叫声是怎样的？它们的叫声给人什么样的感觉？

3. 根据某种动物的声音描述该种动物的形象特征

比如，引导幼儿重点倾听老虎的叫声，然后讨论：

（1）老虎的叫声和别的动物有什么区别？可以用什么样的词来形容它的叫声？

（2）听老虎的叫声时，我们好像看到老虎在什么地方，它是什么样子的？

（3）听着老虎的叫声，你觉得老虎正要干什么？什么事情可能会发生？

4. 分组扮演与讲述

幼儿分小组，利用头饰、手偶等操作材料扮演一种动物，重点讲述这种动物的叫声、形象及动态。

专家评析

动物是幼儿很感兴趣并有丰富生活经验的话题。几乎每个幼儿都有自己喜欢的和不喜欢的动物，他们喜欢模仿动物的叫声和走路的样子，乐于谈论动物的生活习性。因此，"森林里的动物"这个内容是孩子们感兴趣的。在这个活动中，教师引导幼儿有重点、有层次地倾听，由谈论动物的叫声逐步过渡到想象与叫声有关的情节，并讲述自己编的故事。在自由宽松的氛围中，幼儿轻松地谈论着自己感兴趣的动物。

不过，活动中教师选择的动物的叫声不要太多，既要有几种性情温和的小动物，又要有几种凶猛的野兽；既要符合幼儿的生活经验，又能让幼儿都"有据可依"。当幼儿在倾听声音后有不同的意见时，教师可以引导幼儿再次听录音进行分辨，直至做出正确判断，以便培养幼儿严谨的学习态度。

51. 晴天和雨天（谈话）

设计意图

《纲要》指出："要为幼儿创设想说、敢说、积极说的语言环境，从而提高幼儿的语言表达能力。"而辩论活动正是在培养幼儿辩论意识的基础上为幼儿创设了语言交往的机会和条件，同时培养了幼儿思维的敏捷性、语言的逻辑性以及良好的倾听习惯。最近的天气晴雨交替频繁，幼儿对此有许多的观点，有的说喜欢晴天，有的说喜欢雨天……你一言、我一语地展开了热烈的讨论。于是，我们设计了这个"辩论赛"的活动，意在引导幼儿初步体验"轮流发表观点""辩驳对方观点"的辩论形式，发展幼儿辨析性倾听的能力。

活动目标

（1）尝试使用辩论这种语言表达形式，初步掌握辩论的基本方法。

（2）能针对某一问题积极思考并敢于表达自己的不同意见。

（3）培养辨析性倾听的能力。

活动准备

（1）知识经验：丰富幼儿有关晴天和雨天的各种知识经验。

（2）物质材料：雨伞和太阳图片若干，"晴天好""雨天好"的标志牌，小红旗若干，竞赛记录用的表格，黑板。

活动过程

1．谈论当天的天气，引出活动主题

提问：今天是什么天气？你觉得这种天气好吗？为什么？

2．观察晴天和雨天的相关图片，拓展相关经验

提问：你喜欢下雨天还是晴天？为什么？

3．自由分组，针对"下雨天好还是晴天好"进行辩论

（1）用举手的方式轮流表达自己的观点。

指导重点：鼓励幼儿完整、清楚地表述；要注意听别人的发言，尽量不要重复相同的理由。

（2）分组自由讨论，收集更多的理由支持自己的观点。

（3）用插红旗的方式，分组轮流表达自己的观点。

指导重点：表述自己一方的理由可以插一面红旗；鼓励幼儿抓住对方讲话中的问题进行反驳。

4．总结辩论情况

指导重点：就幼儿辩论过程中语言表达和倾听习惯做小结。

专家评析

关于"晴天和雨天"的话题，幼儿有比较丰富的生活经验。本活动重点是引导幼儿就晴天和雨天的话题发表自己的观点，要说得"有理有据"，并且要养成专注倾听、大胆表达的良好习惯；难点是引导幼儿尝试以辩论

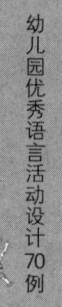

的形式进行交流，提高幼儿语言表达的逻辑性。

谈话活动要想组织得好，让幼儿有话可说，首先是要选择贴近幼儿生活的话题。比如，"是男孩好还是女孩好""是夏天好还是冬天好"等这些辩题就十分贴近幼儿的生活，更容易调动他们的生活体验，激发他们表达的兴趣。其次，活动的形式要是幼儿喜闻乐见的。大班幼儿喜欢争论，好胜心强。教师抓住这一心理特点采用辩论的形式开展活动，鼓励他们用自己的语言表达想法，体现了幼儿在活动中的"主体性"。最后，要创设轻松愉快的活动氛围，让幼儿都有机会表达，并能得到积极的回应和同伴的认可，体验到积极愉快的情绪。

建议：谈话活动中，教师要注意加强幼儿倾听习惯的养成。教师不仅要向幼儿强调说清楚自己的观点，还要他们认真地听，积极地进行反驳，想办法组织自己的语言来说服对方。

52. 有趣的吆喝（谈话）

设计意图

吆喝是商贩们对自己的商品的一种宣传，通过吆喝来把自己的商品出售给人们。它贴近生活，平凡得几乎随处可以听见；幼儿也非常感兴趣，并且善于模仿。以此为契机，设计了本活动，旨在总结出吆喝的特点、形式、内容，引导幼儿想象创编各种吆喝，从而发展幼儿的语言表达能力和大胆地与人交往的能力，也体验到吆喝的好玩和有趣。

活动目标

（1）热爱各行各业的劳动人民，体会生活中的快乐。

（2）能友好地与同伴分工合作，并大胆地与人交往。

（3）尝试模仿各种特点的吆喝声，并能自己创编吆喝。

活动准备

（1）知识经验：幼儿提前到市场观察商贩买卖物品的场景。

（2）物质材料：创设美食街场景，有冰糖葫芦、各种水果、羊肉串、臭豆腐、凉粉、玉米、烧饼等道具。

活动过程

1. 操作体验，了解活动主题

（1）观察冰糖葫芦并说出其特点。

（2）教师示范简单的吆喝冰糖葫芦声，请幼儿判断这样的吆喝好听不好听。

（3）自己尝试创编吆喝，并进行个别表演。

小结：吆喝是生意人在出售商品时，对自己的商品的一种宣传，目的是把自己的商品说得棒棒的，让自己的商品卖出去。

2. 回忆、观察、比较各种形式的吆喝

（1）引发幼儿回忆在生活中听到过的吆喝声。

（2）欣赏教师收集的吆喝声，感受不同的吆喝声的特点。

指导重点：教师向幼儿展现三种吆喝——普通话的、方言的、唱的，让幼儿比较哪一种更有趣，谈谈自己的感觉。

3. 根据所学知识，自由创编吆喝

（1）根据教师提供的一件物品，从物品的特点入手，邀请同伴进行讨论，创编吆喝的方法。

（2）展示不同的吆喝方法，比较发现哪种吆喝更有趣、更有创意。

（3）展示创编结果，评价并小结。

4. 自由表现

（1）观察美食街的环境和材料。

（2）自由结伴选择摊位，分工讨论怎样吆喝。

（3）玩美食街游戏。

指导重点：教师以顾客的身份参与活动，鼓励幼儿大胆地表达，语言要生动。

专家评析

在繁华的商业街上随处可以听到吆喝声，虽然听起来很平常，但是

需要勇气、胆量和语言艺术。该活动以吆喝为内容，旨在锻炼幼儿在公众场合大胆地说话、大声地说话的能力，并能尝试如何说得更好、更有吸引力。该活动层次清楚，层层递进，以幼儿的讨论、模仿、创编为主，并能尝试让幼儿评价。组织方式生动有趣，游戏性强，能让幼儿在轻松的氛围中快乐地表达。

活动中，教师首先引导幼儿说说生活中听到过的吆喝，然后向幼儿展现三种吆喝，让幼儿比较觉得哪一种更有趣。这种比较非常直观，易于理解。在幼儿操作体验的环节，教师以顾客的身份到幼儿面前，根据幼儿吆喝的情况，提醒幼儿吆喝时的注意事项，比如声音要大一点，语言要更生动、更丰富，将自己的东西说得更好，让别人一听就想买等，使幼儿获得直接的语言经验。

值得注意的是，教师在活动的各个环节都要引导幼儿用丰富的语言表达，同时要注意理解和使用"买"和"卖"两个词语。

53. 我长大了（谈话）

设计意图

刚刚升入大班的幼儿会油然而生"我是哥哥姐姐"的自豪感，此活动抓住这一教育契机，让幼儿通过主题谈话关注到自己的成长、变化，启发幼儿思考和理解长大的含义，学习与他人合作交流、分享感受，从而学会欣赏自己、爱自己，树立自信心。

活动目标

（1）感受成长的快乐和自豪，学会欣赏自己，树立自信心。

（2）能用较清楚、连贯的语句表达自己的见解。

（3）围绕话题进行谈话，表达对爸爸妈妈照顾自己成长的感谢。

活动准备

（1）物质材料：请家长帮助收集幼儿小时候的照片、衣服、用品；视频;魔法棒。

（2）环境创设：把每个幼儿小时候的照片、衣服、用品和现在的美术作品放在教室合适的位置。

活动过程

1. 观看照片，发现自己外表的变化

（1）教师出示自己小时候的照片，提问：照片上的人是谁？

（2）组织幼儿观察、猜测教室四周墙上照片中的孩子是谁（不能告诉别人哪一张是自己的照片），提问：为什么你们会猜不着呢？

（3）请每个幼儿分别指出哪一张照片是自己的，并说一说自己的变化。

2. 用品展览，再次感受自己在身体、本领方面的变化

（1）幼儿自由参观展览，看一看、试一试、比一比自己小时候用过的物品。

指导语：看了这些物品后，你们有什么感受？

（2）幼儿表演自己小时候的动作和现在的本领，感知自己的进步。

指导语：现在与小时候比，你自己有什么变化？你现在学会了哪些新本领？

3. 玩游戏"夸夸我自己"，比比谁的本领多

幼儿分成两组，用"我小时候……现在……我真棒"的句型说出自己的变化，说完整的幼儿可获得图形宝宝一个。游戏结束时，哪组小朋友得到的图形宝宝最多，就是冠军组。

4. 讨论与操作：我还想长大

（1）引出讨论话题：你还会变吗？你想变成什么样？

（2）请幼儿创编一个表示"长大了"的动作。教师出示一支自制的魔法棒，让幼儿轮流拿着魔法棒扮演魔法师，轮到谁，谁就要做"我长大了"的动作。

5. 情感体验：我是怎样成长的

（1）播放一段录像（一位妈妈对孩子说的一段话），请幼儿谈一谈听后的感受。

提问：你的爸爸妈妈为你做了什么？

（2）请每个幼儿说一句对爸爸妈妈表达感谢的话。

专家评析

本活动的设计和组织是层层深入，环环相扣的。首先，通过观看自己小时候的照片，调动幼儿的生活经验，引发幼儿谈话的兴趣。接着，通过参观展览，使幼儿对于"自己长大了"有了更直观的感受，有了很多想说的内容和强烈的想说的愿望。大班幼儿好胜心强，喜欢竞赛活动。因此，通过小组比赛，引导幼儿围绕"小时候和现在的不同"这一话题运用完整的句型表达，能非常好地锻炼幼儿的口语表达能力，突出了本次活动的语言重点。在接下来的讨论与操作环节，教师先围绕幼儿感兴趣的话题"想变成什么样子"引导幼儿充分地表达与交流，再通过游戏的形式，增强活动的趣味性、游戏性。最后，通过观看视频，引导幼儿感受到爸爸妈妈在自己成长过程中所付出的辛勤劳动，了解到父母的不易并表达自己对爸爸妈妈的爱。通过这样的一次活动，幼儿一定能更好地感受到自己的成长，体验到成长的快乐，同时也能学会感恩。

54. 打醋买布（绕口令）

设计意图

绕口令是一种极富民间特色，又能突出语言学习目标的文学形式。《打醋买布》这个绕口令，内容有趣且贴近生活。该绕口令中出现了很多以"U"为韵母的"拗口""绕口"的字词，经过反复练习，能很好地帮助幼儿加强韵母、声调的辨读，改善发音不准的现象。因此设计了本次活动，在带领幼儿领略绕口令独特魅力的同时，提高幼儿汉语发音的质量。

活动目标

（1）乐意参与以游戏形式为主的朗诵绕口令活动，体验念绕口令的乐趣。

（2）能在图谱的帮助下完整地念出绕口令。

（3）感知理解绕口令的基本内容，练习发清"醋""布""兔"等容易混淆的字音。

活动准备

（1）知识经验：幼儿对绕口令有一定的了解。

（2）物质材料：图谱、铃鼓每人一个。

活动过程

1. 倾听教师讲述《打醋买布》的故事，初步感知绕口令的内容

师：从前有个老爷爷，他到集市上买了醋和布，正当他要回去的时候，看到了前面有只老鹰在抓小白兔。于是，他放下醋，也搁下了布，上前去追老鹰和小白兔。可是，他刚一跑，老鹰就被吓飞了，小白兔也被吓跑了，还把刚买的醋打翻了，醋坛里流出的醋把布都打湿了。

提问：老爷爷到集市上买了什么？他抓到老鹰和小白兔了吗？为什么？最后发生了什么？

2. 欣赏学习绕口令，理解绕口令内容

（1）观看图谱并欣赏教师念绕口令，学习绕口令内容。

师：你看到了什么？能用绕口令中的语言说出来吗？

（2）倾听教师放慢速度念绕口令，再一次观察和理解绕口令。

（3）借助图谱，尝试结伴念绕口令，教师重点倾听、纠正幼儿对"醋""布""兔"的发音。

3. 用多种游戏方法练习，进一步熟悉绕口令

（1）用由慢到快的方式练习。

（2）用拍手的方式练习。

（3）用乐器伴奏的方式练习。

4. 采用"掷骰子"的游戏方式，逐句练习绕口令

游戏方法：教师或幼儿投掷骰子，如果是数字1，就朗诵绕口令第一句，以此类推。

5. 欣赏教师表演绕口令，体验朗诵绕口令的乐趣

指导语：绕口令又叫"急口令"，是把容易弄错的字写在一首儿歌里，

要求快速念出来，要念得又快又准。朗读绕口令还能帮助我们说出规范的普通话。

附：绕口令

打醋买布

有位爷爷他姓顾，上街打醋又买布。
打了醋，买了布，回头看见鹰抓兔。
放下醋，搁下布，上前去追鹰和兔，
飞了鹰，跑了兔，打翻醋，醋湿布。

附：图谱

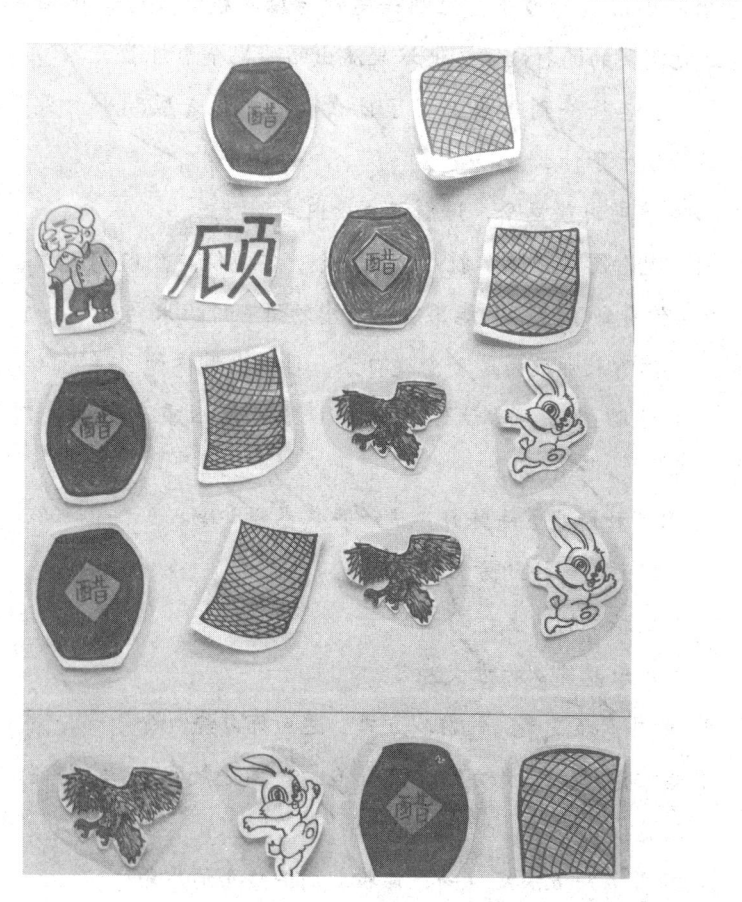

专家评析

这个活动是一个传统儿歌的教学活动，但是用创新的方式来组织，使幼儿在游戏中逐步解决学习难点，学得轻松、愉快。

活动中，教师运用了操作与游戏的方法。首先，运用图像和声音同步设置的优势来处理作品，让幼儿边学绕口令边看图谱，不仅使拗口的绕口令具有可视、有趣的特点，也让幼儿轻松、简单地学会了绕口令。其次，在把握作品的韵律特点方面，鼓励幼儿拍打手、脚、乐器，以及变换快慢等节奏的方式。再次，为了练习儿歌中难度比较大的两个句子，教师运用投掷骰子的游戏，激发幼儿参与挑战的激情，帮助幼儿体验成功的快乐。就这样，在游戏情境中，幼儿主动、愉快地感知、理解作品，自然地学习知识，体现了"教无痕"的教学理念。

55.假如我有翅膀（诗歌）

设计意图

生活中，幼儿喜欢模仿小鸟飞、蝴蝶飞的动作，他们幻想自己有一天有"翅膀"飞翔的样子。但是真的有了翅膀，又会是怎样的一番情景呢？本活动始终围绕"假如我有翅膀，我要飞到哪儿？会做什么"这个问题，通过诗歌的形式，引导幼儿的思维向神奇的空间世界拓展，充分激发幼儿的想象力和创造力。

活动目标

（1）在游戏中体验角色扮演的快乐。

（2）能展开大胆、奇特的想象，用完整的语言表达自己的想法。

（3）学习用"假如我有翅膀，我要……和……"的句子仿编诗歌。

活动准备

课件，音乐，小图片。

活动过程

1. 模仿飞翔的动作，激发活动的兴趣

教师出示"翅膀"的图片，提问：假如你有翅膀，你会飞到哪儿去？

2. 观察课件，欣赏诗歌

（1）欣赏诗歌第一遍，理解诗歌内容。

指导语：诗歌中的小朋友说，假如他有翅膀，他会去什么地方？和谁一起干什么？

（2）欣赏诗歌第二遍，播放背景音乐，感受诗歌意境。

指导语：你觉得诗歌美吗？你喜欢哪一句？

3. 集体学念诗歌

（1）边做动作边朗诵诗歌。

（2）分角色朗读诗歌。

（3）在音乐的伴奏下朗诵诗歌。

4. 操作图片，初步尝试仿编诗歌

（1）观察图片，仿编诗句。

指导语：假如你有翅膀，你要飞到图片上的地方去吗？会做些什么？

（2）将图片排成图谱，引导幼儿尝试用较固定的句式完整地说。

（3）集体配乐朗诵仿编的诗歌。

附：诗歌

假如我有翅膀

假如我有翅膀，我要飞上蓝天拥抱白云。

假如我有翅膀，我要飞到森林和小鸟作伴。

假如我有翅膀，我要飞进花园亲亲花朵。

假如我有翅膀，我还要飞上高楼去看看城市。

**专家评析**

《假如我有翅膀》是一首优美的、富于想象的诗歌。幼儿对于诗歌内容的理解和意境的感受是有一定难度的,为了帮助幼儿解决学习的难点,教师运用了一些较好的方法和策略,比如直观形象的学习法。活动开始,教师直接出示图片"翅膀"引入,激发幼儿的兴趣,开门见山,直切主题。在学习诗歌时,幼儿能根据教师提供的图片,说一说诗歌的内容。此外,教师还运用了情感体验和文学欣赏相结合的方式,播放了适宜的背景音乐,营造出优美的意境,让幼儿在情感中理解,在情境中表演,在体验中仿编。再有就是教师非常关注活动中幼儿的自主探究学习,鼓励幼儿根据画面的内容仿编诗歌,并整理成图谱,激发了幼儿的积极性,也及时记录了幼儿的学习过程,使幼儿体验到成功的快乐!

56. 一个人(诗歌)

设计意图

大班幼儿在集体中与同伴合作分享的愉悦经验比较多,他们喜欢和同伴在一起玩耍,害怕一个人孤孤单单地呆着。《一个人》这首诗歌尽管只有四句,但是蕴含着丰富的情感,其优美的语言有助于提高幼儿的语言理解和表达能力,同时能让幼儿更深刻地感受到同伴合作的力量。

活动目标

(1)感受团结的力量大,体验与同伴在一起的快乐。

(2)提高理解能力和讲述能力,能大胆、主动地表达自己的想法。

(3)初步尝试用诗歌的句式仿编。

活动准备

(1)知识经验:幼儿能清楚地理解一和多少的概念。

（2）物质材料：关于诗歌的图片（一棵树，森林；一只鸟，许多鸟；一条河，大海；一棵草，许多草；一个人）；操作的小图卡三组；"人"的字卡；黑板；牙签。

活动过程

1. 观察没有椅子的活动场地，想办法解决问题

提问：教室里没有椅子怎么办？是一个人搬还是大家一起搬快一些？我们一起来试一试。

2. 观察讨论，理解"一"和"许多"的不同

（1）观察比较图片上的"一"和"许多"。

提问：你觉得"一"和"许多"哪个好？为什么？

（2）操作实验：一根牙签与一捆牙签，哪个易断？（引导幼儿感知团结的力量）

（3）观察并讨论"人"的字卡。

提问：一个人能做些什么？许多人又可以干什么？（引导幼儿理解一个人的孤单和许多人的快乐）

3. 欣赏诗歌，理解诗歌内容

（1）完整欣赏教师的配乐诗朗诵。

（2）讨论并理解诗歌。

提问：一个人像什么？为什么？

（3）合作用图片拼出诗歌的句式。

4. 朗诵诗歌，感受诗歌的情感

（1）看图朗诵诗歌。

（2）边朗诵边表演诗歌。

5. 拓展经验，尝试仿编

（1）讨论诗歌的句式特点。

指导语：你发现了什么？每一段有没有相同的句子？

（2）尝试用"一个人，就像……"的句式进行表达。

指导语：一个人还像什么？试着用诗歌里一样的句子说一说。

附：诗歌

一 个 人

一个人，就像一棵小树，只要离开林子，就会变得孤独。

一个人，就像一只小鸟，只有凑到一起，才会热热闹闹。

一个人，就像一条小河，只有汇聚在大海里，才会拥有快乐。

一个人，就像一棵小草，只有大家站在一起，才不会被狂风吹倒。

 **专家评析**

诗歌《一个人》蕴含着"团结力量大"的哲理。为了激发幼儿学习的主动性，教师提供了图文并茂的图片，使幼儿易于理解和记忆。随后的小实验使幼儿直观地体验到力量的悬殊，理解了诗歌中的道理。在仿编的环节，组织幼儿共同围绕阅读重点进行讨论，利用问题"你发现了什么？每一段有没有相同的句子"梳理了作品的句式特点，鼓励幼儿仿编。

建议：教师在延伸活动中可以组织幼儿玩"变字"的游戏，巩固幼儿的认识。比如大家一起说："一个人，像什么？"然后，由一名幼儿担任发令员举起字卡，其他幼儿立刻做出相应的人体造型。可以由"人""大""小"等简单的字逐步发展成"树""林""河""海"等比较复杂的字。

57. 摇篮（诗歌）

设计意图

《摇篮》是一首非常优美的儿童诗。作者用清新的语言，抓住摇篮这一关键点，以重复性的结构形式，描绘了四幅温馨宁静的画面，体现了大自然的和谐美妙，最后一段转向妈妈和宝宝，是主题的升华，会唤起幼儿对妈妈爱的情感，使幼儿感受到亲情是多么美好。大班幼儿在以具体形象思维为主的基础上，抽象逻辑思维能力已初步发展，因此具备了学习这首诗歌所要求的类比、迁移能力。

活动目标

（1）喜欢《摇篮》这首诗歌，愿意欣赏并学习诗歌。

（2）能根据诗歌中的结构尝试迁移生活经验仿编诗歌。

（3）学会用轻柔、优美的声音朗诵诗歌，体验参与诗歌仿编的成功感。

活动准备

（1）知识经验：幼儿事先在家和爸爸妈妈一起讨论小时候睡摇篮的情景。

（2）物质材料：《摇篮曲》与诗歌《摇篮》的录音，布娃娃和娃娃家的小摇篮，星宝宝、鱼宝宝、花宝宝的卡片，黑板。

活动过程

1. 摇布娃娃睡觉，导入活动

提问：这是什么？（出示摇篮）摇篮里睡着谁？布娃娃要睡觉了，我们一起来摇布娃娃睡觉吧！（放《摇篮曲》）

2. 感知理解诗歌内容

提问：小摇篮一摇一摇，布娃娃就睡着了。那老师这里还有几个宝宝也想睡觉（出示星宝宝、鱼宝宝、花宝宝的卡片），他们的摇篮是谁呢？谁帮着摇他们呢？请你和旁边的小朋友讨论一下。

（1）分段理解诗歌内容。

提问：你觉得星宝宝、鱼宝宝、花宝宝的摇篮分别是谁呢？谁帮着摇他们呢？为什么？

（2）自由结伴讨论：小宝宝的摇篮是谁？妈妈是怎样哄小宝宝睡觉的？

3. 学习朗诵诗歌

（1）完整欣赏（听录音）。

提问：诗歌的名字叫什么？

（2）引导幼儿跟老师一起有表情地，用优美、轻柔的声音朗诵（2～3遍）。

4. 仿编诗歌，尝试用诗歌中的句子进行表达

指导语：除了蓝天、大海、花园是摇篮，还有什么也可以做摇篮，摇篮里的宝宝又是谁呢？

（1）幼儿仿编，教师对幼儿仿编的内容进行完善和修改，并画在黑板上。

（2）幼儿将仿编的诗歌完整地朗诵。

附：诗歌

摇　　篮

蓝天是摇篮，摇着星宝宝，
白云轻轻飘，星宝宝睡着了。
大海是摇篮，摇着鱼宝宝，
浪花轻轻翻，鱼宝宝睡着了。
花园是摇篮，摇着花宝宝，
风儿轻轻吹，花宝宝睡着了。
妈妈的手是摇篮，摇着小宝宝，
歌儿轻轻唱，小宝宝睡着了。

专家评析

在大班前期，幼儿已学习了多首风格类似的诗歌，在理解诗歌内容及朗诵技巧方面都打下了良好的基础。本活动不局限于对诗歌的学习，而是强调幼儿在感知理解的基础上进行表达和仿编，使幼儿处于积极主动的学习状态。首先，教师通过创设情境，营造了温馨的氛围，使幼儿不自觉地使用轻柔的声音进行表达，可见其对作品情感的理解和把握。其次，教师优美的语言示范，使幼儿进一步理解了诗歌的内容，并在模仿的过程中加深了对作品的感知和情感体验。最后，仿编诗歌时，教师将幼儿自己仿编的内容用图画记录在黑板上，并鼓励他们在集体面前朗诵自己仿编的诗歌内容，帮助幼儿体验到语言的美和成功的愉悦。

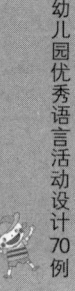

58. 我被亲了好几下（散文诗）

设计意图

"健康的人拥有快乐的心。"在生活中，人们经常会遇到不如意或者倒霉的事情，有的人闷闷不乐，有的人却会换一个角度思考，保持快乐的心情。《我被亲了好几下》这篇散文中优美的句子和有趣的情境描写的都是幼儿的生活，会让幼儿不自觉地开怀大笑。本活动重点是引导幼儿理解和学习朗诵散文诗，难点是幼儿能运用已有经验，仿编诗句。

活动目标

（1）欣赏散文诗，感受散文诗的诙谐、有趣。

（2）大胆表达自己的意见，会联系诗歌中的语言回答问题。

（3）初步感知理解诗歌，知道"亲"代表的意义，并学会用语言和动作表达。

活动准备

（1）知识经验：幼儿玩过"碰一碰"的音乐游戏。

（2）物质材料：教学挂图，幼儿操作的小图每人一组或两人一组，字卡"亲""一下""好几下"，黑板，幼儿用书。

活动过程

1. 玩游戏"亲一亲"，激发活动的兴趣

游戏玩法：教师播放音乐，幼儿随音乐做动作。音乐停止，幼儿要找到自己的好朋友做"亲一亲"的动作。

2. 观察挂图，初步理解散文诗中"亲"的意思

（1）观察挂图并说出上面物品的名称。

提问：图画上是什么？（"鞋尖、石头、屁股、大地、鸟大便、头、耳朵等"）

（2）个别幼儿操作图片，两两对应摆放。

提问：谁被谁亲了？为什么说是"亲"呢？（出示字卡"亲"，引导幼儿认读并模仿动作）

（3）教师朗诵散文诗第一句，带领幼儿感受散文诗风趣幽默的语言。

3．两两结伴或是独立操作小图，尝试用"××亲了××"的句子完整表达

提问：请你说一说，是谁亲了谁？是一下还是几下？

4．欣赏教师的配乐朗诵，进一步感知散文诗语言优美、有趣的特点

（1）完整欣赏散文诗第一遍。

提问：你听到散文诗中出现最多的一个字是什么？（出示"亲"字）散文诗里谁和谁亲了呢？

（2）完整欣赏散文诗第二遍。

提问：你觉得这首散文诗给你什么样的感觉？什么地方让你觉得有趣？

小结：尽管我们会遇到倒霉的事情，但是笑一笑，就会让我们的心情快乐起来。

5．用集体、分组和接龙的方式学习朗诵散文诗

（1）集体朗诵散文诗。

（2）分组朗诵：每组轮流朗诵一句。

（3）接龙朗诵：分别朗诵"亲"和"被亲"的事物。

6．阅读图书，自由结伴朗诵散文诗

附：散文诗

我被亲了好几下

鞋尖亲石头一下，屁股亲地上一下，鸟大便亲头一下，声音亲我的耳朵好几下。

车子亲墙壁一下，篮球亲天花板一下，遥控器亲电视一下，闪光灯亲我的脸好几下。

阳光亲日历一下，白云亲大山一下，水滴亲衣服一下，风亲我的身体好几下。

 **专家评析**

《我被亲了好几下》是一首语言优美、有趣的儿童诗，从"亲一下"到"亲了好几下"，有着重复的韵律；其中既有写实，又有一些抽象的部分；看似简单，但还是较难理解。诗歌中出现最多的就是一个"亲"字，如何让幼儿更加清楚地理解"亲"的含义，是本活动的"难点"。

活动中，幼儿通过观察图片、配对游戏来理解诗歌内容，梳理事物的逻辑关系。在欣赏教师的示范朗诵时，幼儿通过观察教师生动、夸张的语言、表情和动作，进一步加深了对诗歌的理解，也感受到诗歌的幽默和诙谐。之后幼儿两两结伴或独立操作小图的环节，不仅提升了幼儿的学习兴趣，使幼儿乐于表达，同时也检验了幼儿的学习效果，教师也可适时地进行个别的指导和帮助。活动中，教师没有强调"亲"是什么意思，但是幼儿通过操作、游戏很好地理解和表现了"亲"的含义。

活动的延伸环节，教师可以结合幼儿已有的经验引导幼儿仿编诗歌，并且鼓励幼儿用图文的形式进行记录，然后将幼儿仿编的散文诗整理成图画书《我被亲了好几下》，方便幼儿自由阅读和朗诵。

59. 变色的房子（散文）

设计意图

"房子"这个话题对于大班幼儿来说是非常熟悉的，也是比较感兴趣的。他们看到过周围生活中各种各样的房子，也会对不一样的房子感到好奇。《变色的房子》这篇散文具有奇妙别致的想象——小兔子能够通过种下种子让房子变色，故事情节简单，充满童趣，人物形象鲜明、突出，容易引起幼儿学习的兴趣。因此，设计了这个活动，旨在通过图文和音乐的结合，引导幼儿充分感觉散文的美，并且根据作品的线索进行仿编活动。

活动目标

（1）体验散文中洋溢的生活情趣和乐观精神。

（2）能适当地运用肢体语言表现作品。

（3）初步了解作品内容，尝试合作仿编散文的一段。

活动准备

（1）知识经验：幼儿观察过不同颜色、造型、材质的房屋。

（2）物质材料：春夏秋冬四座由立体的卡纸做的房子，录音机，轻柔的音乐磁带，绿树叶、小花、果子的小图片。

活动过程

1. 围绕"房子"的话题进行讨论，引出散文

提问：你见过什么样的房子？有哪些颜色的房子？

2. 欣赏作品，初步了解作品内容

教师朗诵作品，同时展示由卡纸做的立体房子。

提问：小兔子造了一间怎样的房子？这间房子有什么特别的地方？小兔子的房子在春天、夏天、秋天分别变成了什么样子？

3. 再次欣赏作品，进一步熟悉理解作品

教师朗诵作品时，幼儿将绿树叶、小花、果子的小图片贴到相应的立体房子上面，然后展示四个季节的房子（见图1—图4）。

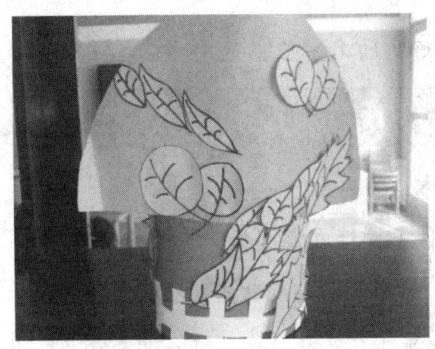

图1

图2

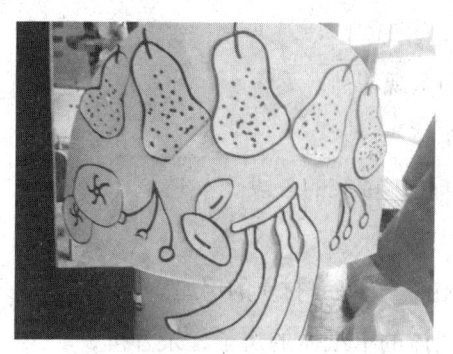

图3

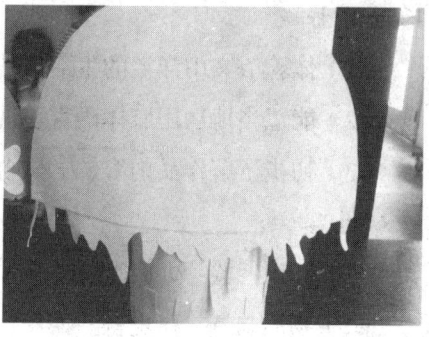

图4

4. 学习朗诵散文

（1）幼儿一起边朗诵边表演散文。

（2）用分组或是接龙的方式朗诵和表演散文。

5. 仿编散文

（1）讨论：冬天，小兔子的房子会变成什么样？用散文一样的句子说一说。

（2）出示冬天小兔房子的立体图片，引导幼儿想象描述。

（3）幼儿分组仿编。

（4）将幼儿创编的散文完整朗诵。

6. 自由讨论

提问：你喜欢小兔子的房子吗？为什么？你觉得散文美吗？你喜欢散文的什么地方？（鼓励幼儿大胆表达自己的感受）

提问：请你给小兔子的房子起一个好听的名字吧。

附：散文

变色的房子

小兔子造了一间新房子，他把小种子搅拌在泥浆里，刷在房子上。

春天，小种子发芽了，绿油油的，绿房子藏在绿叶里，狐狸看不见。

夏天，小苗开花了，红艳艳的，花房子藏在花丛中，大灰狼看不见。

秋天，小树结果了，金灿灿的，金房子藏在果树里，老虎看不见。

冬天，下雪了，白茫茫的，白房子藏在雪地里，大家都看不见。

小兔子在变色的房子里，过着快乐幸福的生活。

（http://www.gushi365.com/info/9279.html）

 **专家评析**

《变色的房子》是一篇充满童趣的散文,从一个特别的角度概括了四个季节的特点,易于幼儿理解。

活动在轻松的氛围中展开,首先通过猜测每个季节房子会发生的变化,引导幼儿发挥想象、大胆表达,从而初步理解了散文内容,也为仿编做了铺垫。其次,通过操作小图片,使幼儿对散文内容有了更深刻的理解。当幼儿用优美的声音和动作表演散文时,不仅表现了作品的美,也体现了幼儿对散文个性化的理解。

不过,在仿编的环节,教师可以根据不同幼儿的知识经验水平进行调整。比如,对于仿编能力低的幼儿,可以先完整呈现散文,再请幼儿仿编"××看不见"的句子;对于仿编能力强的幼儿,可以请他们仿编"春天,×房子藏在××里,××看不见"的句子,这样就使不同层次的幼儿都能体验到仿编成功的快乐。

60. 落叶(散文)

设计意图

树叶会给幼儿带来丰富的想象。在秋天户外活动时,幼儿最易观察到的就是落叶了。散文《落叶》,文虽短小,却充满了趣味、想象和动态感。结合季节的特征,本活动选择了落叶这个幼儿熟悉的事物作为线索贯穿始终,让幼儿感受散文优美的意境,在领会散文内容的基础上学习初步地仿编,发展幼儿的口语表达能力和与同伴沟通交流的能力。

活动目标

(1)感受小树叶和大树妈妈相互关爱的情感。

(2)感受作品所体现的优美意境,并用语言较清楚地表达出来。

(3)欣赏、理解散文,尝试有感情地朗诵散文。

活动准备

(1)知识经验:幼儿有户外观察落叶的经历。

(2)物质材料:背景音乐,教学挂图,大树头饰一个,树叶手环若干。

活动过程

1. 欣赏优美、抒情的背景音乐,扮演飘动的小树叶

指导语:想想如果你们是一群小树叶,会怎样进入活动室呢?

2. 欣赏第二段内容的课件图片,观察想象并讲述

(1)提问:你看到了什么?小树叶去了哪里?这是什么季节?你是怎么看出来的?春天的小树叶是什么样子的?夏天的小树叶是什么样子的?秋天的小树叶是什么样子的?(鼓励幼儿大胆想象与讲述,教师用散文中的语句总结)

(2)欣赏第二段散文内容。

3. 欣赏第三段内容的课件图片,观察、想象并讲述

(1)提问:小树叶飘到了什么地方?那儿变得怎么样了?

(2)教师朗读第三段内容,鼓励幼儿扮演小树叶飘到屋顶、小河等地方。

4. 欣赏配乐散文

(1)教师配乐朗诵散文。

指导重点:朗诵时,教师用手指着相应的画面与文字,帮助幼儿把握散文的内容与顺序。

(2)引导幼儿回忆散文的内容,尝试用散文中的语言进行表达。

提问:你们听到了什么?这篇散文中的小树叶发生了什么变化?

5. 分享欣赏散文的感受,加深对散文意境的理解

提问:这篇散文听上去有什么感觉?你们听了这篇散文,想知道什么?

6. 配乐朗诵、表演,进一步理解散文内容

(1)鼓励幼儿扮演小树叶,和教师扮演的大树妈妈一起跟随配乐散文,用动作表达出各自的理解,以及对大树妈妈的关爱。

(2)个别幼儿示范,分享愉悦的表演经验。

7. 仿编散文

(1)集体讨论:小树叶还会飘向哪里?像什么?

（2）幼儿仿编散文，并表演出来。

附：散文

落　叶

大树是妈妈，小树叶是她的孩子。

春天，小树叶只是绿绿的嫩芽。夏天，小树叶已经长大了，在火辣辣的阳光下为人们撑起一把大伞，送去一片片阴凉。秋天到了，小树叶由绿变黄，一个个好像穿着金黄裙子的小姑娘，挽着大树妈妈在秋风里翩翩起舞。

一天，一阵秋风吹来，小树叶告别了大树妈妈。小树叶不停地翻动着身子，飘呀飘，飘到屋顶上，屋顶变得金黄；飘到小河里，水面上像多了一层软软的地毯；飘到大树妈妈的脚下，大伙儿抱成了一团，好像在说："妈妈，妈妈，天气渐渐冷了，我们给您捂捂脚，让您暖暖和和好过冬。"

小树叶在秋风中飘呀飘，飘向四面八方，一个个都安下了家。他们心里还惦记着大树妈妈，盼望着大树妈妈明年春天生出许多许多小娃娃。

专家评析

散文《落叶》充满趣味，又不乏优美的意境，动态感很强。而一篇好的散文，不仅可以丰富幼儿的知识，发展幼儿的想象力和思维能力，而且可以使幼儿的心灵和情感受到良好的熏陶。

本活动设计了循序渐进的引导性提问，将"小树叶"的变化作为线索贯穿其中。在一个个的问题中，幼儿很好地理解了散文，为接下来的仿编奠定了良好的基础。在完整欣赏的环节，教师随着配乐散文的播放，用手指到相应的画面与文字，帮助幼儿把握了散文的内容与顺序。幼儿进行仿编前，教师采用集体讨论的方式，让每个幼儿都有说话的机会，使他们说话的愿望得到了满足。整个活动为幼儿提供了一个想说、敢说的环境。

值得注意的是，幼儿扮演"小树叶"飘动的时候，教师要用语言、眼神进行提示，鼓励幼儿动作舒展、优美些，与音乐的节奏相吻合，适时地渗透艺术领域的相关目标。

61. 大卫，不可以（早期阅读）

设计意图

每一个看过《大卫，不可以》的人都非常喜欢这个故事。天真无邪、把家里搞得一团糟的大卫，让我们觉得既开心又释怀，从他的身上似乎又能看到很多自己的影子。这个绘本中的角色、故事内容都非常贴近幼儿的生活经验，简洁的语言也给幼儿提供了充分想象和思考的空间。借助这样的阅读材料开展活动，能进一步培养幼儿良好的阅读习惯，帮助他们感受阅读的乐趣。

活动目标

（1）感受绘本故事的诙谐幽默，体验妈妈温暖的爱。

（2）能根据画面人物和情节大胆地讲述自己看到或者猜测到的内容。

（3）阅读图书，理解故事内容。

活动准备

《大卫，不可以》图书人手一本。

活动过程

1. 欣赏绘本封面，猜想故事情节

指导语：今天老师给小朋友带来了一本书，名字叫《大卫，不可以》。你们猜一猜，是谁对大卫说"不可以"呢？我们一起瞧瞧在这个男孩子身上发生了什么故事。

2. 逐页阅读图书，观察画面内容

（1）观察大卫的外貌。

提问：大卫长的什么样子？

小结：他有椭圆形的小脑袋，细小的身体，大大的嘴巴，六颗稀稀落落的尖尖的牙齿，三角形的小小的鼻子，一高一低的两条短眉毛，好像在向世人宣告："我什么都不怕。"

（2）逐幅阅读，根据画面内容展开想象并能自由地表达自己的想法。

观察图1：大卫在做什么？脸上的表情又是怎么样的呢？他拿东西的动作是怎么样的？妈妈会对大卫说什么？为什么说不可以？接下来很可能会发生什么样的事情？

观察图2—图4：你看到大卫在做什么？妈妈看到了会有什么样的反应呢？会说什么呢？

观察图5：大卫在干什么？会发出什么样的声音？你觉得这个声音怎么样？这时妈妈会对他说什么？

观察图6：大卫在吃饭的时候玩什么？你有没有这样玩过？妈妈都是怎么对你说的？

观察图7、图8：天很晚了，大卫还在干什么？大卫愿不愿意去睡觉？你是怎么看出来的？（丰富词汇：垂头丧气）

观察图9：大卫有一些什么坏习惯？你要是大卫的妈妈，你会对他说什么？（幼儿学说）

观察图10—图13：大卫又要干什么？大卫的妈妈是怎么做的？他的妈妈爱不爱他？你是怎么看出来的？那她为什么总是说"不可以"呢？

3. 集体阅读，完整欣赏故事

4. 自由阅读图书

5. 讨论、分享阅读后的感想

（1）提问：故事里的大卫是一个怎样的男孩子呢？大卫的妈妈又是一个怎样的妈妈呢？你喜欢这样的妈妈吗？为什么喜欢？为什么不喜欢？

（2）分组自由讨论：你是故事里的大卫吗？在生活中，你的妈妈什么时候会对你说"不可以"？为什么不可以？妈妈在说"不可以"的时候你是怎么想的？你会怎么做呢？

（3）小结：大卫是个非常调皮的孩子，妈妈总是很严厉地对大卫说"不可以"，是因为妈妈怕大卫养成坏习惯，怕他受伤。但是，妈妈心里一直都是爱着他的。在生活中，我们也会做错很多事情，妈妈在对我们说"不可以"的时候，其实也是在爱我们。

> **附：故事梗概**
>
> 大卫，不可以
>
> 大卫是一个好奇又调皮的男孩，他总爱做一些冒险的事，不达目的绝不罢休。可他的妈妈总是跟在他的后面大喊："大卫，不可以！"
>
> 当大卫踩在椅子上，想去拿壁橱最上层的饼干桶时，妈妈会大喊："大卫，不可以！"当大卫从花园玩泥巴回到家，全身糊满了黑乎乎的泥巴时，妈妈会大喊："大卫，快去洗澡！"当大卫在澡盆里戏水，水龙头大开，水流得满地时，妈妈会大喊："大卫，不可以！"……
>
> 可是，当大卫在客厅里打棒球，不听劝阻，打碎了花瓶时，妈妈虽然很生气，却温柔地说："宝贝，来这里""大卫乖……我爱你！"大卫依偎在妈妈的怀里，轻轻地说："妈妈，我爱你"。
>
> 【大卫·香浓.大卫，不可以［M］.余治莹，译.石家庄：河北教育出版社，2014】

专家评析

故事中的大卫就是我们的孩子，好奇、好问、爱动，所以永远会有大人在他们耳边叮咛"不可以"，孩子是多么无奈和沮丧呀！可是通过故事，孩子们又能了解到大人对他们的爱和保护。于是，这种唠叨也变得不是那么抵触和讨厌了。

活动导入环节，教师通过提问引发幼儿对故事内容的猜想，使他们能集中注意观察图片并发散思维，创造性地想象绘本的内容，积极地将自己观察到的内容进行表述。活动中，教师运用引导性的提问来激发幼儿阅读的兴趣，鼓励幼儿大胆地表达自己的想法；在逐步观察画面中，幼儿理解了故事内容，感受到故事的滑稽有趣，并自己归纳因果。在集体阅读、自由阅读的过程中，幼儿积极分享阅读经验，交流彼此的感受，既调动了活动的兴趣，又解决了个别幼儿的阅读困难。就这样，教师用"润物细无声"的方式培养了幼儿的图片观察、语言表达和逻辑思维能力。

62.蜘蛛先生要搬家（早期阅读）

设计意图

《蜘蛛先生要搬家》是一本非常符合儿童心理的图画书。幼儿有一颗好奇的心，总是喜欢问个不停，于是从儿童的心理特点出发，《蜘蛛先生要搬家》用问和答的方式构成了一个故事。它从"你说谁呀"开始，围绕着蜘蛛先生搬家的事件，讲述了蜘蛛先生为什么要搬家，搬家的时间、方式、过程、结果等。可以说，这种特别的故事叙述方式突破了我们惯常的思维模式，以读者为中心来建构故事情境，非常适合大班幼儿的阅读需要和阅读特点。而且，画家塑造的蜘蛛先生具有儿童画的拙趣和漫画式的幽默，幼儿一定会非常喜欢。伴随情节的发展，蜘蛛先生的表情在不断变化，从开心到忧虑，接着坚定、果断地搬家，最终在忙碌之后获得了成功的喜悦，使幼儿在阅读的过程中体验丰富的情感变化。

活动目标

（1）观察画面，从有趣的图画中感受到快乐。

（2）感知故事中的问答式结构，尝试用自己的语言讲述故事情节。

（3）乐于与同伴共同阅读和分享阅读经验。

活动准备

（1）知识经验：幼儿已初步了解蜘蛛的外形特征和生活习性。

（2）物质材料：课件《蜘蛛先生要搬家》，幼儿用书。

活动过程

1. 观察封面，萌发阅读兴趣

指导语：你搬过家吗？你为什么要搬家？有一只蜘蛛先生也要搬家了，看看他是什么样子的？

2. 围绕主题，自由提问

（1）自由发问。

指导语：关于蜘蛛先生要搬家这件事，你有什么想知道的吗？

（2）梳理提问的内容：他为什么要搬家？什么时候搬？怎么搬？他能找到盖房子的地方吗？他是用什么盖房子呢？会成功吗？

3. 明确要求，带着问题有目的地两两合作阅读

指导语：看看书中是怎么说"搬家"这件事的。两人合看一本书，有不懂的地方可以商量一下。

（1）幼儿两两结伴阅读图书，边看边轻声交流自己的想法。教师观察幼儿的阅读过程，发现幼儿有困难或者有争议时，可以用提问的方式参与。

（2）阅读后交流：把你看懂的内容或者没有看懂的地方讲给大家听。

指导重点：鼓励幼儿表达自己阅读后对故事的理解，描述图画的细节；集中阅读幼儿提出的那些看不懂的图片，进行观察讲述。

4. 以问答的形式集体阅读大书

指导语：故事说的是谁呀？蜘蛛先生怎么啦？为什么要搬家？什么时候搬家？（比如"你说谁呀？""我说蜘蛛先生啊！""蜘蛛先生怎么了？""蜘蛛先生要搬家。""蜘蛛先生为什么要搬家？""蜘蛛先生的家和扫把小姐的裙子绕在一起了。""蜘蛛先生什么时候搬家""太阳一出来就要搬家了。"）

5. 两人一组，尝试以问答形式讲述图书故事

教师引导幼儿自由结伴或者运用指偶等教具讲述故事，巩固幼儿对作品的理解。

专家评析

本活动没有采用传统的阅读活动模式，而是将重点放在"感知故事中的问答式结构，能根据话题自由提问"上。活动导入环节，教师鼓励幼儿在阅读前自主设问，猜测故事内容，这有益于发挥幼儿的积极思维能力，调动幼儿的生活经验。之后，引导幼儿通过共同阅读来了解故事的内容，通过和小伙伴看看、想想、说说，提高幼儿的阅读能力及语言表达能力，让幼儿互学。在集体阅读的环节，让幼儿分成两组"问""答"，用以检验幼儿的阅读效果，同时让幼儿感受到了绘本的特色。整个活动通过"我想

知道什么—寻找答案—了解什么是我还不知道的"这样一种学习模式，使幼儿形成良好的学习和思维习惯，有利于幼儿的全面发展。

建议：在活动的延伸环节，可以鼓励幼儿通过自主分角色表演对话，使幼儿完整地呈现作品，表现他们对于作品的理解。

63. 一根羽毛也不能动（早期阅读）

设计意图

《一根羽毛也不能动》给人们提出了一个超级有趣的问题：鸭子游泳比天鹅快，但是天鹅飞得比鸭子高，他们怎样才能比出谁是唯一的、真正的、永远的冠军？后来，他们通过一场意外频发的比赛，最终体会到了友情的可贵。绘本内容有趣又滑稽，细细品读，就会被故事中蕴含的浓浓友情所感动。对于大班幼儿来说，这个故事易于理解，可以在有趣的游戏体验当中，感受故事情节本身带来的乐趣，体会到友情带来的温暖。

活动目标

（1）感受朋友之间的情谊，知道朋友的可贵。

（2）积极参加讨论，表达自己的想法。

（3）观察画面，理解角色的心理变化并大胆讲述。

活动准备

课件《一根羽毛也不能动》。

活动过程

1. 了解故事中的角色，萌发活动兴趣

指导语：他们是谁？你觉得他们谁的本领更大？让我们来一起看看他们的比试结果。

2. 观察理解，大胆讲述

（1）观察鸭子和天鹅两次比赛的画面：他们在比什么？谁赢了？

（2）猜想第三次比赛的内容：第三轮比赛他们会比什么呢？

（3）观察第三次比赛的图片，理解鸭子和天鹅的心理。

指导语：怎么样算赢，怎么样算输呢？鸭子和天鹅都想赢，他们心里会怎么想？

（4）玩游戏"我们都是木头人"，体验坚持的难能可贵。

游戏规则：木头人要不受"捣蛋鬼"的干扰，保持不动。

师幼一起游戏，教师扮演"捣蛋鬼"，故意向幼儿提问或者用滑稽的表演引他们发笑，游戏后引导幼儿小结：这个游戏容易赢吗？怎样才能赢？

（5）欣赏故事后半部分，理解鸭子和天鹅的心理变化。

①观察蜜蜂到来后的画面：鸭子和天鹅是怎么想的？怎么做的？

②观察兔子到来后的画面：鸭子和天鹅现在是怎么做的？表情怎么样？

③观察乌鸦到来后的画面：鸭子和天鹅是怎么想的？你觉得谁会坚持不住了？为什么？

④观察狐狸到来后的画面：狐狸来了，他们动了吗？如果你是天鹅，你会动吗？如果你是鸭子，看到朋友要被吃掉了，你会动吗？朋友和冠军哪个更重要？

3. 交流讨论，情感提升

指导语：比赛结束了，你觉得谁是冠军？天鹅对鸭子说："你是我一辈子永远的朋友。""一辈子永远的朋友"是什么意思呢？

4. 完整欣赏故事

教师边播放课件边鼓励幼儿一起讲述故事，加深对故事的理解。

> **附：故事梗概**
>
> ### 一根羽毛也不能动
>
> 鸭子和天鹅比赛看谁的本领大。结果，鸭子游泳比天鹅快，但是天鹅飞得比鸭子高，两人为了比出谁才是冠军中的冠军，决定进行第三次比赛——玩木头人，不能动、不能说话，连一根羽毛也不能动一下。
>
> 蜜蜂来了，兔子来了，乌鸦来了，风来了，他们都在捣乱，可是鸭子和天鹅都没有动一下。比赛进行了一天一夜。后来，狐狸来了，

他将两只动物捆起来带到了狐狸洞,并且决定把天鹅当做晚餐,可鸭子和天鹅还是一动不动,因为他们都不想输。后来,鸭子才发现,成为唯一的、真正的、永远的冠军中的冠军,没有比当一个朋友来得重要,所以他救了天鹅。

【爱瑞卡·席佛曼.一根羽毛也不能动[M].南昌:21世纪出版社,2008】

**专家评析**

阅读故事《一根羽毛也不能动》,不但能让人会心一笑,而且故事本身蕴含丰富的教育价值。本活动中,教师把"理解角色的心理变化"作为重点,设计了"木头人"的游戏,不仅可以使幼儿感受到故事情节本身带来的乐趣,还能从中感受到规则的力量和坚持的可贵,更能体会到现实生活中友情带来的温暖。本活动还很好地体现了整合的教育理念,一是活动目标的整合,将阅读活动和社会领域的教育目标进行了有效的整合,使幼儿通过阅读感知到友情的可贵;二是活动形式的整合,阅读和游戏穿插进行,逐步提升幼儿的活动兴趣,培养了幼儿的自控能力和良好的阅读习惯。

64. 鳄鱼怕怕,牙医怕怕(早期阅读)

设计意图

《鳄鱼怕怕,牙医怕怕》讲的是一场鳄鱼和牙医之间的心理较量,用简单、反复的语句刻画了鳄鱼和牙医每时每刻戏剧性的心理变化。他们相互害怕,可是那颗蛀牙把他们凑到了一起,凶恶的鳄鱼只得乖乖听任牙医的摆弄,而红脸的牙医也只能壮着胆子给鳄鱼治牙,这种反差不禁让人开怀大笑。鳄鱼都知道应该刷牙,小朋友就更应该自觉地养成认真刷牙的良好生活习惯。绘本中简单的文字,需要幼儿细细品读,同时结合漫画认真观察，才能更好地理解故事。

活动目标

（1）喜欢阅读绘本，体会故事语言的趣味性。

（2）积极用不同的语调为画面配音，理解重复的句子表达了鳄鱼和牙医不同角色的想法。

（3）懂得爱护自己的牙齿，养成早晚刷牙、饭后漱口的好习惯。

活动准备

（1）知识经验：幼儿事先了解一些牙齿保健的知识。

（2）物质材料：《鳄鱼怕怕，牙医怕怕》图书、课件。

活动过程

1.观察绘本封面，激发阅读兴趣

指导语：今天老师带了一本书，这是书的封面，请你们看看，封面上有些什么？书名叫什么？

2.自主阅读图书，学习用不同的语调进行人物对话

（1）阅读鳄鱼补牙前的情节。

提问：鳄鱼的牙齿疼了好多天，他决定去看牙医，可是他心里却想……猜猜，鳄鱼想什么？鳄鱼为什么不想看到牙医？为什么又非看不可？

（2）阅读鳄鱼补牙时发生的事情。

提问：他们准备干什么了？这时鳄鱼心里会怎么想？牙医会怎么想？

（3）阅读鳄鱼补牙后发生的事情。

提问：鳄鱼的牙齿终于补好了，他会对牙医说什么呢？牙医呢？鳄鱼明年真的想再见到牙医吗？牙医明年想见到鳄鱼吗？

3.欣赏故事，同时运用相应的语调和肢体语言表达故事内容

4.讨论：应该怎样爱护我们的牙齿

提问：现在，连鳄鱼都懂得要爱护牙齿呢，我们要怎样爱护牙齿呢？

专家评析

绘本《鳄鱼怕怕，牙医怕怕》中，画家非常注意细节的描绘，鳄鱼和

牙医相互害怕却又故作镇静的心理,往往通过眼神、动作、表情等细微部分展现出来,需要我们结合图画细细观察、斟酌,才能更好地理解故事。这些特点为幼儿的语言发展提供了很大的空间,因此这是一本非常好的绘本阅读教材。但考虑到大班幼儿的认知水平,教师删减了部分图片,从而使整个教学更加紧凑、连贯,有利于幼儿理解故事内容。

《纲要》指出:"教师是学习活动的支持者和引导者。"在本次活动中,教师通过多媒体演示法、情境教学法,使活动充满趣味性、生动性,让幼儿在玩中学、学中玩。此外,还采用了直观法、提问法、猜测讨论法来帮助幼儿理解故事,欣赏故事。在活动结束部分,教师引导幼儿根据生活经验总结出绘本蕴含的一些道理,有机地渗透了教育内容,使幼儿获得更多有益的知识经验,促进了幼儿多方面能力的发展。

65. 小威向前冲(早期阅读)

设计意图

《纲要》指出:"应结合幼儿成长需要与认知、学习规律,精心选择幼儿感兴趣,又对其发展具有意义和价值的内容。"幼儿到了一定的年龄会对自己从哪里来的感到好奇,成人对此要么含糊其辞,要么给幼儿不具科学性的答案。其实,正确的生理健康方面的知识是幼儿必须学习的。《小威向前冲》是一本适合大班幼儿阅读的绘本,这个故事幽默、生动地讲述了生育、遗传等知识,能让幼儿了解生命孕育的过程和遗传的美妙,体验生命的美好。

活动目标

(1)感知遗传的美妙,体验生命的美好。

(2)能大胆、清楚地表达自己的想法和感受。

(3)积极主动地倾听与阅读故事,深入理解故事内容。

活动准备

（1）知识经验：幼儿已与父母讨论过自己和父母相像的地方。

（2）物质材料：图书若干本，故事PPT，幼儿和父母的合照若干，视频。

活动过程

1. 欣赏自己与父母的合照，评出最相像的一张，引出活动主题

指导语：你们觉得谁和自己的爸爸妈妈最像？我们每个人都会有和自己的爸爸妈妈相像的地方，这与什么有关呢？今天老师给小朋友介绍一本书，看完你们就知道了。

2. 观察绘本《小威向前冲》的封面，展开想象

提问：谁能够读出这本书的书名？你什么时候会向前冲？（教师在读出书名时，突出"向前冲"）

3. 观看PPT，初步了解宝宝形成的过程

指导语：到底小威是怎样的一位小朋友，我们一起来听故事吧！

（1）逐页欣赏PPT，听教师有感情地讲述故事前半部分。

（2）结合自己的特点进行讨论。

提问：小威是不是个棒小孩呢？为什么？你在哪方面是高手呢？你有没有像小威一样，有不太好的地方？你觉得你是棒小孩吗？

小结：你自己有很擅长的地方，但一定也像小威一样有不擅长的地方。只要你在某一方面觉得自己很棒，就是一个棒小孩！现在，你认为小威是棒小孩了吗？

（3）继续欣赏图书故事，边欣赏、边思考、边讨论。

幼儿集体观看故事PPT，讨论游泳路线。

提问：你认为小威应该怎样才能迅速地由起点游到终点？小威在哪里？你是怎么看出来的？游了一会儿，好朋友小布赶上来了，小威该怎么办呢？

4. 欣赏有关生命孕育过程的视频，并对绘本产生后续的猜想

（1）教师播放视频给幼儿看。

（2）继续播放PPT，教师讲述故事结尾。

提问：布朗先生和太太生了一个小孩，名叫小娜。你猜，小娜长大以后大概会是怎样的人呢？（教师在此可以通过幼儿的回答将问题具体化，比如"头发会是怎样的？眼睛会是怎样的？长得像谁？为什么"等。最后，教师点击小娜的图片，验证幼儿的猜想，帮助幼儿进一步感知遗传的力量）

5．延伸故事内容，知道自己和爸爸妈妈长得很像，但和别人长得不一样

（1）出示一对模样、神态十分相似的父子图片，引导幼儿观察并讨论其相似之处。

提问：他们像吗？哪里很像？你长得像谁？哪里很像？

（2）引导幼儿用一分钟时间比较自己与他人的不同之处并进行讨论。

（3）玩"接龙"游戏，请幼儿说出自己与朋友的不同之处。

附：故事梗概

小威向前冲

小威是一个小精子，他住在布朗先生的身体里，有许许多多的朋友。在学校，小威的数学成绩实在是不好，可他是个游泳高手！学校要举行"游泳大赛"，冠军的奖品只有一个，那是一个美丽的卵子，在布朗太太的肚子里。所以，大家都在为当冠军而努力练习。

游泳大赛开始了。老师大喊："开始！"小威和其他朋友飞快地向前冲。小威拼命向前游，终于第一个到达终点。他看见了可爱的卵子，于是和卵子靠在一起。奇怪的是，小威和卵子都不见了。

接下来，奇妙的事情发生了！布朗太太的肚子一天天大了起来。原来，是一个小生命在不停地长啊长，把布朗太太的肚子也撑得鼓鼓的！直到有一天，小宝宝降生了，是个可爱的女孩，叫小娜。可是，小威去了哪里呢？没有人知道。当小娜渐渐长大，开始上学了，她发现自己的数学实在是不好，不过，她可是一个游泳高手！

【艾伦．小威向前冲［M］．李小强，译．贵阳：贵州人民出版社，2008】

 **专家评析**

《纲要》指出，语言能力是一种综合能力，幼儿语言的发展与其情感、思维、社会参与水平、交流技能、知识经验等方面的发展是不可分割地联系在一起的，语言教育应当渗透在所有的活动中。本活动中，教师主要运用了视、听、说相结合的方法，引导幼儿用轻松愉悦的方式来了解"遗传的力量"。"视"，是指为幼儿提供了生动、形象的课件，充分刺激幼儿的视觉感官进行细致地观察。"听"，是指教师用自己的声音、丰富的情感表现来吸引幼儿，充分刺激幼儿的听觉感官。"说"，是指幼儿在教师的引导下充分地表达自己的意见和看法，想说、敢说。此外，教师通过对绘本所传达的对自我评价的认识，结合幼儿自身的评价，帮助幼儿了解每个人都有所长所短，从而拉近了小威和小朋友之间的距离，帮助幼儿懂得自我肯定和肯定他人。视、听、说相结合的方法能充分地调动幼儿的各种感官，让幼儿处于积极的学习状态中。

66. 我的幸运一天（早期阅读）

设计意图

《我的幸运一天》是一本充满戏剧性和趣味性的绘本，生动幽默地讲述了一只糊里糊涂的小猪居然认错了门，把狐狸的家当成了小兔子的家，但他临危不惧，最后运用自己的智慧脱险的故事。画面色彩丰富、动态鲜活，文字不多，简洁明了。大班幼儿的认知水平在不断地提高，具体形象思维占优势，因此他们对文学作品，特别是图文并茂的图画书很感兴趣，能较好地接受和理解内容丰富、表现手法复杂的故事，并具有一定的倾听和表达的能力。所以，《我的幸运一天》适合大班幼儿阅读。

活动目标

（1）感受故事中善意夸张的手法和含蓄幽默的风格。

（2）能大胆、清楚地表述自己的想法，愿意与别人分享自己的阅读经验和感受。

（3）阅读、表演故事情节，加深对作品的体验和理解。

活动准备

《我的幸运一天》大书一本，狐狸头饰和小猪头饰若干个，《动物狂欢节》音乐一段。

活动过程

1. 欣赏图书封面，引发阅读兴趣

指导语：今天，老师带来了一本书，我们一起来看一看。

2. 共同阅读，理解故事的内容

（1）小结阅读要求。

指导语：我们一起来看这本有趣的书。你觉得哪里特别有意思、特别好玩，就提出来和小朋友一起说一说。

（2）教师讲述故事，引导幼儿感受故事情节。

（3）共同讨论、交流，分享阅读经验。

提问：你认为这是谁的幸运一天？为什么？你喜欢书中的哪一页？为什么喜欢？

3. 扮演故事角色，进一步理解和感受故事

（1）表演故事中"狐狸和小猪的对话"。

（2）在《动物狂欢节》的音乐声中表演狐狸给小猪按摩的情节。

（3）集体讨论"给小猪按摩的要求和顺序"。

指导语：刚才我们表演了书中的哪一段？先按摩哪里，再按摩哪里，最后按摩哪里？小猪是怎么说的？狐狸是怎么做的？

（4）幼儿互相分角色表演故事情节，感受幽默和快乐。

一组幼儿扮演小猪，一组幼儿扮演狐狸，表演按摩情节。教师适当地进行语言提示，比如：小猪要求狐狸重一点，狐狸表现出越来越累的样子。

4. 结束活动

狐狸按摩累得倒下了，教师带着小猪拿上小甜饼轻轻地离开。

附：故事梗概

我的幸运一天

一天，饥饿的狐狸正准备出门找午餐，而迷糊的小猪本来是去找小兔，却敲错了狐狸家的门。狐狸打开门，一把夹住小猪，使劲地把他拖进屋里。狐狸想：我肚子饿得咕咕叫，就有食物送上门来，这真是我的幸运一天呀！

小猪使劲挣扎也没有用，只好叹了口气说："好吧，就让你吃我吧。可我是一只很脏的小猪，先给我洗洗澡吧。"于是，狐狸开始忙着捡树枝、生火、拎水，给小猪痛痛快快地洗了个澡。

小猪叹了口气说："我是一只非常小的猪，你不想喂饱我，让自己吃得更过瘾一点吗？"于是，狐狸又开始忙着摘西红柿、做通心粉、烤小甜饼，给小猪吃了一顿丰盛的午餐。

小猪又叹了口气说："我是一只勤劳的猪，肉特别硬。你给我按摩一下，让肉吃起来更嫩一点吧。"于是，狐狸又开始忙着给小猪按摩。不一会儿，他就累昏过去了。

于是，村里最干净、最肥、最嫩的小猪，拿着剩下来的小甜饼飞快地跑回家去。他说："这真是我的幸运一天呀！"

【凯萨兹.我的幸运一天［M］.吴小红，译.南京：江苏少年儿童出版社，2007】

专家评析

本活动在阅读封面的环节中有两个突出的地方，一是把书完整地展示给幼儿，从封面到封底，不加教师的任何引导性、提问性语言，这样可以让幼儿完整地感受作品；二是借助教师生动的角色语言和精彩的画面，刺激幼儿的听觉和视觉神经，把作品的形象性、趣味性传递给幼儿，从而产生情感上的共鸣。集体阅读的环节，教师提出阅读要求"分享你认为有趣的情节"，这个环节好比是艺术画中的"留白"，抛出这样的问题，给了幼儿一个自由生成的空间，可以自由地和别人分享自己的感受和经验。重点体验的环节，教师引导幼儿在欢乐幽默的音乐声中把角色扮演得淋漓尽致，包括小猪的语言，狐狸的神态、动作等，把活动推向了高潮。

67. 我爸爸（早期阅读）

设计意图

《我爸爸》的绘本主要以图画的形式，配以简短的话语，把一个勇敢、坚强、多才多艺又温柔的、了不起的爸爸的形象展现出来。绘本突出了一个主题：爸爸虽然其貌不扬，但"我"爱他，他也爱"我"。对于大班幼儿来说，在阅读绘本的基础上，可以联系自己的生活实际，感受到父爱的温暖，学习表达对父亲的爱。

活动目标

（1）能够在生活中感受爸爸的爱，并萌发爱爸爸的情感。

（2）观察细节，理解图画书所表达的内容，并大胆地表现。

（3）理解故事内容，学说"爸爸像……一样……"。

活动准备

（1）知识经验：幼儿前期进行过相关调查。

（2）物质材料：两块磁性黑板，课件，音乐，幼儿收集的爸爸的照片，动物的卡片。

活动过程

1. 谈谈自己的爸爸，激发参与活动的兴趣

指导语：这里有一些爸爸的照片，请你来找找你的爸爸，并向大家介绍一下你的爸爸。

2. 欣赏课件，熟悉故事内容

（1）仔细观察并描述封面上"爸爸"的图片。

指导语：这是彼得的爸爸，你觉得这是一位怎样的爸爸？

（2）谈论和表达自己对爸爸的感觉。

指导语：你觉得自己的爸爸很棒、很帅吗？

小结：其实和你们一样，彼得也认为他爸爸是世界上最帅的爸爸。我们来看看他是怎样介绍自己的爸爸的。

（3）根据故事中的图片，谈谈故事中的爸爸。

①播放PPT中的若干图片，展示彼得爸爸的爱好。

指导语：彼得爸爸的爱好是什么？他跑步跑得怎么样？从哪里能看出他会得第一名？胸口有"1"就一定是得第一名吗？

②玩游戏"找找爸爸的本领"，找出相应的卡片完整地表述爸爸的本领。

指导语：爸爸除了这些爱好，他还有一些本领。彼得非常聪明，把爸爸的本领藏在动物里。请你们来看一看，他的爸爸有些什么本领呢？你的爸爸有哪些本领？（教师提供鱼、猩猩、马、狮子、猪、蜜蜂等卡片，配上省略号，让幼儿将自己爸爸的照片与卡片进行配对，鼓励幼儿用动物来表现自己的爸爸，并说出一些配对的理由）

③继续欣赏课件中爸爸做鬼脸的图片，感受爸爸的幽默。

指导语：你的爸爸有没有做什么搞笑的事情让你哈哈大笑？

指导语：假如一天有一只大灰狼走进彼得的家，猜猜看，爸爸会怎么说？你觉得爸爸什么时候非常勇敢？

3.完整欣赏绘本故事，进一步感受父子情深

（1）教师配乐讲述故事。

（2）幼儿结伴讲述自己的爸爸，进一步激发父子间深厚的情感。

提问：今天听了彼得的介绍，你有什么样的感觉？你的爸爸像什么呢？

（3）请幼儿在动物的卡片中选择一种，用"我爸爸像……一样……"夸一夸自己的爸爸。

专家评析

《我爸爸》这本图书内容有趣，充满了神奇的想象。在导入环节，教

师引导幼儿通过谈话从爸爸的年龄、姓名、爱好、职业、特征等不同的方面来介绍自己的爸爸,激发了幼儿谈话的兴趣。在阅读封面中爸爸的形象时,让幼儿主动观察,通过图画中的各个细节对绘本中的爸爸做初步判断。幼儿的表达与交流是与自己的生活经验密不可分的,而幼儿的阅读过程也是依靠头脑中的已有生活经验,积极主动地理解图书的过程。因此,教师应积极寻找阅读内容中能与幼儿生活经验紧密结合的内容,引导幼儿大胆想象和表达。所以,本次阅读活动中最有趣的也是幼儿最感兴趣的地方,就是将爸爸的特点与各种动物联系起来。此环节操作卡片,引导幼儿找出自己的爸爸和图片中的动物的相似之处,激发了幼儿的想象力与表达欲。《我爸爸》这个绘本的语言以散文的方式呈现,很优美。教师的配乐朗读能给幼儿传递语言美和情感美,让幼儿在欣赏语言的同时进一步感受父子间的情深。

建议:活动的延伸环节,教师还可以带领幼儿开展"给爸爸做张爱心卡""爱的拥抱"的活动,将幼儿的阅读经验进一步升华。

68.小老鼠找家(综合)

设计意图

大班幼儿喜欢表达,并且能大胆地表达自己与别人不一样的观点,有时甚至会因为某些事情引发争论甚至是辩论。在语言活动中,如何利用幼儿感兴趣的材料,通过生动活泼的方式,在宽松愉快的氛围中激发幼儿的想象力和表达欲,是教师应该重点考虑的问题。在本次活动中,教师创设了为"小老鼠找家"的情境,通过谈论小老鼠不高兴的原因,讨论合适的家的图片并布置家,培养幼儿的想象、判断和推理能力。

活动目标

(1)懂得帮助他人会使人快乐的道理。

(2)能自信、大胆地表达,并认真倾听别人讲述。

（3）仔细观察，根据画面进行初步的想象、判断和推理。

活动准备

图片五幅（1号房没有门和窗；2号房没有瓦片；3号房倾斜并有裂缝；4号房隔壁住着小猫；5号房外形完美，房门是活动的，可打开）；小老鼠图片一张（正面为高兴的表情，反面为不高兴的表情）；各种小图片若干，如树、草、花、商店等。

活动过程

1. 观察表情不高兴的小老鼠，激发活动兴趣

（1）鼓励幼儿猜想"小老鼠不高兴"的原因，大胆讲述。

（2）引导幼儿倾听小老鼠讲述自己不高兴的原因——大风把房子吹走了，启发幼儿为小老鼠找房子。

2. 观察1—4号房子的图片并讨论

（1）组织幼儿分散自由选图，观察并讨论：你为小老鼠选中了几号房子？小老鼠会喜欢吗？为什么？

（2）引导幼儿围绕问题，将自己观察到的告诉大家。

指导重点：引导幼儿一幅幅讨论分析，在充分观察图片的基础上进行想象、判断，并围绕画面内容大胆地讲述自己的理由。

3. 观察5号房子，进一步围绕问题深入观察、讨论

（1）提问：你觉得小老鼠会喜欢5号房子吗？为什么？

（2）打开房门后，引导幼儿观察屋里的陈设并讨论：小老鼠可以住进去了吗？（引导幼儿根据自己的生活经验讲述自己的理由）

（3）鼓励幼儿围绕"老鼠走出门后叹气，他还有什么不满意的吗"讲述自己的看法。比如，"因为小老鼠发现房子四周没有草地，没有树木，没有超市，所以他叹气了"。

4. 为小老鼠布置新房

引导幼儿把小图片（花、草、树木、商店等）布置在5号房的周围。

5. 小老鼠高兴地住进新房子，并对大家表示感谢

 **专家评析**

幼儿对动物的角色很感兴趣,当活动中出现一只需要帮助的小老鼠时,他们自然而然地就会想各种各样的办法帮助他。活动始终以问题的形式出现,让幼儿积极主动地想办法帮助小老鼠,其选材是幼儿感兴趣的。活动环节设计逻辑性强,层层递进,动静交替,能不断地激发幼儿的好奇心和兴趣。另外,活动中幼儿的语言表达和想象的机会很多,并没有唯一的答案,使幼儿能创造性地、有个性地表达。

69. 我去过的地方(综合)

设计意图

大班幼儿几乎都有过旅游的经验,对于祖国的美丽山川、民俗风情都有一定的了解。本活动通过引导幼儿认读祖国地图、介绍祖国的名胜古迹,体验和感受祖国文化的丰富与悠久,在幼儿幼小的心灵埋下爱国的种子。

活动目标

(1)初步感受祖国疆域的辽阔,萌发对祖国的热爱之情。

(2)能大胆地介绍自己去过的地方。

(3)了解我国一些著名的城市和名胜古迹的名称,感知中国是个地大物博的国家。

活动准备

(1)知识经验:请幼儿与一家长起回忆自己去过的地方。

(2)物质材料:中国地图每组一幅。

活动过程

1. 观察中国地图,初步了解祖国很大

提问:中国地图像什么?地图上蓝色的表示什么?

小结：中国地图看上去像一只神气的公鸡。我们现在看地图，觉得祖国一点点大，其实，我们的祖国很大很大。

2．寻找地图上祖国首都和自己居住的城市

（1）尝试在地图上给北京画上红五星。

提问：这是什么地方？为什么这个地方要打五角星的形状呢？它表示什么意思？

（2）找找自己居住的城市在地图上的位置，并做记号。

（3）尝试用红笔将家乡和北京连线。

小结：北京是我们的首都，有很多的风景名胜，是人们向往的地方。2008年举世闻名的奥运会也是在北京举行的。中外许多朋友都来到这里比赛、参观、访问、学习。

3．分组轮流讲述自己去过的地方

提问：你去过中国的哪些地方？请你向朋友介绍这个地方的特色。

4．玩游戏"我是小导游"

重点介绍"新疆维吾尔自治区""哈尔滨""海南省"等几个地方的地域特点。

提问：这是什么地方？你去过吗？这里有什么特点？你遇到过什么有趣的事？请你介绍一下吧！

5．玩游戏"开火车"

游戏方法：幼儿搭成小火车，在活动室里开动。当火车靠站后，教师出示活动中幼儿谈论过的某一城市的图片，请幼儿说出城市的名称。

 专家评析

旅游是幼儿最开心和快乐的记忆。"我去过的地方"这个话题贴近幼儿的生活，在轻松愉悦的语言交流环境中，幼儿一定会乐于将自己快乐而美好的旅行经历分享给朋友。

为了使活动的内容更加丰富生动，教师在活动前让幼儿和家长一起回忆旅行的经历，翻看旅行时的照片，丰富幼儿的生活经验。这样，幼儿在活动中才有话可说。活动由观察中国地图的形状导入，由大及小、由浅入深地引导幼儿谈论，用观察、操作、游戏等多种方式，紧密联系幼儿的生活实际，充分调动他们已有的经验和头脑中储存的信息，并适时地进行提问，帮助幼儿丰富语言，培养他们的思维和语言表达能力。此外，教师为了让幼儿在游戏活动中体验旅行的快乐，还设计了"开火车"游戏，在游戏中继续巩固幼儿的学习经验。活动后，幼儿不仅知道了许多城市的名字，而且对没有去过的城市也产生了很大的兴趣。

70. 伞（综合）

设计意图

"伞"是我们生活当中必不可少的一件用品，幼儿对"伞"再熟悉不过了。结合"母亲节""父亲节"这些特殊的日子，开展有关"伞"的主题活动，使幼儿在良好的谈话氛围中，不仅能了解"伞"的用途，更能深入体验到"爸爸妈妈的爱像伞一样保护我们"的美好情感。

活动目标

（1）体验"妈妈的爱是伞"的美好情感。

（2）敢想、敢说并能积极地运用完整的语言围绕主题进行表达。

（3）在理解画面内容的基础上，初步学会运用反思、预期、质疑、假设的策略进行语言学习。

活动准备

课件，动画片，录像，背景音乐，小伞一把，各色卡纸和马克笔人手一份。

活动过程

1. 猜谜语，引出"伞"的话题

指导语：沙沙沙，沙沙沙，下雨啦！街上开满五彩花，红黄蓝绿多美丽，每人一朵手中拿。请你猜一猜，这是什么花？

2. 自由谈论伞的用处

指导语：伞有什么用处呢？（"遮阳、避雨、挡风等"）

3. 观赏动画片《伞与鼹鼠》，围绕"伞"的话题拓展谈话

（1）观赏动画片，理解画面内容。

指导语：大自然的小动物们也特别想受到伞的保护呢！

（2）自由发问，进一步理解有关伞的用途。

指导语：动画片看完了，你有问题想问吗？你觉得伞除了动画片里介绍的用处，还有什么用处呢？

4. 欣赏课件，围绕"妈妈的爱"进行主题谈话

（1）欣赏课件中妈妈为孩子撑伞的画面（画面内容：下雨天，妈妈来接孩子。妈妈抱着孩子，举着一把伞。伞遮住了孩子，妈妈的衣服却被淋湿了）

幼儿观看课件时，教师可以播放背景音乐《烛光里的妈妈》。

（2）两两结伴，自由讨论角色对话，感受妈妈对孩子的爱。

指导语：小朋友搂着妈妈的脖子会跟妈妈说什么呢？为什么这个小朋友会说妈妈是伞？

（3）通过对画面的理解，回忆妈妈为自己做的事情，感受妈妈对自己的爱。

指导语：你的妈妈是怎么爱你、保护你的呢？我们如果没有伞会被日晒雨淋，那么我们没有了妈妈会怎么样呢？

5. 观看录像，用自己喜欢的方式表达对妈妈的爱

（1）播放录像《妈妈对你说》。

（2）操作材料，用图画、文字或两者相结合的方式表达对妈妈的爱和要说的话。

指导语：请你们用文字或者图画，或者图文结合的方式表达你对妈妈的爱和要说的话。

（3）相互欣赏作品，进行讲述和讨论。

专家评析

《纲要》中明确要求,"要鼓励幼儿大胆、清楚地表达自己的想法和感受,尝试说明、描述简单的事物或过程,发展语言表达能力和思维能力"。"伞"这个话题来源于幼儿的生活,又能升华到父母之爱,幼儿在这样一个主题中有切身经验,有话可讲。

在活动前,教师准备了丰富的课件、材料,组织了有关"母亲节""父亲节"的亲子活动,为幼儿进行了经验准备。活动中,多种学习材料的投放,加深了幼儿对所谈内容的了解,使他们在理解画面内容的基础上初步学习运用反思、质疑、假设等策略。在活动中,幼儿借助多种媒体形式积极地围绕主题由浅至深地进行表达,从而学会关注周围生活中的美好事物,体验家人相爱的美好情感。

万千教育 学前教育类书目

书号	书名	著、译者	定价(元)
幼儿园区域活动指导			
1935	幼儿园户外环境创设与活动指导（全彩）	董旭花 等 著	72.00
2103	幼儿园社会区材料设计与评价（四色）	王微丽 霍力岩 主编	60.00
1950	幼儿园科学区材料设计与评价（全彩）	王微丽 霍力岩 主编	60.00
1951	幼儿园生活区材料设计与评价（全彩）	王微丽 霍力岩 主编	60.00
1782	幼儿园数学区材料设计与评价（全彩）	王微丽 霍力岩 主编	60.00
1800	幼儿园语言区材料设计与评价（全彩）	王微丽 霍力岩 主编	60.00
2598	幼儿园艺术区材料设计与评价（全彩）	王微丽 霍力岩 主编	60.00
9613	幼儿园区域活动 ——环境创设与活动设计方法（全彩）	王微丽 主编	60.00
9149	小区域，大学问 ——幼儿园区域环境创设与活动指导	董旭花 等 著	30.00
9548	幼儿园创造性游戏区域活动指导 （角色区·建构区·表演区）	董旭花 等 编著	32.00
9549	幼儿园自主性学习区域活动指导 （生活操作区·美工区·益智区·科学区）	董旭花 等 编著	35.00
0156	幼儿园区域活动现场指导艺术 ——透视38个区域故事	董旭花 等 著	38.00
9134	如何有效实施幼儿园主题性区域活动	秦元东 等 著	24.00

7937	幼儿园科学区（室）——科学探索活动指导117例	董旭花 主编	28.00
幼儿园区域活动指导合计			679.00

幼儿园园所管理			
2102	破解幼儿园园长的50个管理难题	苏晓芬 等 著	48.00
1784	幼儿园危机管理策略与实例	周丛笑 等 编著	52.00
1596	幼儿园安全管理策略	张春炬 李芳 主编	42.00
0039	园本培训促进幼儿教师专业发展	晏红 著	32.00
9883	幼儿园教研活动设计与实施	莫源秋 著	32.00
9620	幼儿园保育员工作指南	伍香平 等 主编	20.00
9438	幼儿园园长的领导艺术	任民 李迎春 著	32.00
9006	幼儿园园长临场应变技巧50例	卢俊 著	20.00
9012	幼儿园园长易犯的80个错误	伍香平 主编	25.00
幼儿园园所管理合计			303.00

幼儿园教师专业成长指导			
2113	做会沟通的幼儿教师	胡剑红 等 主编	38.00
2236	幼儿园文案撰写规范与技巧	刘敏 等 著	52.00
2311	幼儿园探究性环境创设（四色）	康丹 等 译	48.00

……
欲了解更多图书信息，请登录：www.wqedu.com
联系地址：北京市西城区三里河路6号院2号楼213室　万千教育
咨询电话：010-65181109，65262933
*本目录定价如有错误或变动，以实际出书为准。